DERECHO PRIVADO PATRIMONIAL

DERECHO PRIVADO PATRIMONIAL

*Blanca Leach Ros, Loreto Carmen Mate Satué,
Ignacio Moralejo Menéndez y Anunciación Pérez Pueyo*

PRENSAS DE LA UNIVERSIDAD DE ZARAGOZA

© Blanca Leach Ros, Loreto Carmen Mate Satué, Ignacio Moralejo Menéndez y Anunciación Pérez Pueyo

© De la presente edición, Prensas de la Universidad de Zaragoza
(Vicerrectorado de Cultura y Patrimonio)
1.ª edición, 2025

Colección de Textos Docentes, n.º 332

Prensas Universitarias de Zaragoza. Edificio de Ciencias Geológicas, c/ Pedro Cerbuna, 12, 50009 Zaragoza, España. Tel.: 976 761 330
puz@unizar.es   http://puz.unizar.es

une Esta editorial es miembro de la UNE, lo que garantiza la difusión y comercialización de sus publicaciones a nivel nacional e internacional.

ISBN 979-13-87705-79-4
Impreso en España
Imprime: Servicio de Publicaciones. Universidad de Zaragoza
D.L.: Z 1060-2025

Siglas y abreviaturas

BOPI	Boletín Oficial de la Propiedad Industrial
BORME	Boletín Oficial del Registro Mercantil
CC	Código Civil
Ccom.	Código de Comercio
CDFA	Código de Derecho Foral de Aragón
CE	Constitución española
CNMV	Comisión Nacional del Mercado de Valores
CP	Código Penal
DOUE	*Diario Oficial de la Unión Europea*
EP	Escritura pública
LAEI	Ley de Apoyo a los Emprendedores y su Internacionalización
LCD	Ley de Competencia Desleal
LCGC	Ley de Condiciones Generales de la Contratación
LDA	Ley del Derecho de Asociación
LDC	Ley de Defensa de la Competencia
LF	Ley de Fundaciones
LGP	Ley General de Publicidad
LM	Ley de Marcas
LMVSI	Ley de los Mercados de Valores y de los Servicios de Inversión
LP	Ley de Patentes
LSA	Ley de Sociedades Anónimas
LSC	Ley de Sociedades de Capital
LSSI	Ley de Servicios de la Sociedad de la Información
LSEC	Ley de Servicios Electrónicos de Confianza
LSP	Ley de Sociedades Profesionales
OEPM	Oficina Española de Patentes y Marcas
RD	Real Decreto
RM	Registro Mercantil
RMC	Registro Mercantil Central
RRM	Reglamento del Registro Mercantil
S. A.	Sociedad Anónima
S. C.	Sociedad Colectiva
S. com.	Sociedad Comanditaria
S. coop.	Sociedad Cooperativa
S. en C.	Sociedad en Comandita
S. L.	Sociedad Limitada

S. R. L.	Sociedad de Responsabilidad Limitada
STC	Sentencia del Tribunal Constitucional
STJUE	Sentencia del Tribunal de Justicia de la Unión Europea
STS	Sentencia del Tribunal Supremo
TFUE	Tratado de Funcionamiento de la Unión Europea
TRLGDCU	Texto Refundido de la Ley General de Defensa de Consumidores y Usuarios
TRLPI	Texto Refundido de la Ley de Propiedad Intelectual

Tema 1. Relaciones económicas y Derecho

1. El Derecho. 2. La norma jurídica. 2.1. Concepto, caracteres, estructura y clases. 2.2. El sistema español de fuentes del Derecho. 2.3. El ordenamiento jurídico de las comunidades autónomas. 2.4. El ordenamiento jurídico europeo y el Derecho español. 3. Derecho y economía. 3.1. Relaciones económicas y Derecho. 3.2. Derecho público y Derecho privado. El Derecho patrimonial. El Derecho civil. El Derecho mercantil o Derecho de la empresa. 4. Las bases del sistema económico. 4.1. La propiedad privada. 4.2. Libertad de empresa, economía de mercado y planificación.

1.   El Derecho

El Derecho existe cuando se vive en sociedad. Hace falta entonces un sistema de reglas sociales que haga posible la convivencia. Cuando estas reglas se establecen por quien tiene potestad o poder para ello (poder legislativo), tales reglas se transforman en normas jurídicas, cuyo conjunto compone el Derecho.

Para que el Derecho cumpla la función que tiene asignada (organizar la sociedad y resolver los conflictos) es preciso que tales reglas se impongan coactivamente a la ciudadanía. Necesita para ello una autoridad que haga efectivas esas normas velando por su cumplimiento (poder ejecutivo) y una autoridad que resuelva los conflictos e imponga las sanciones a quienes no cumplan las normas voluntariamente (poder judicial). El Derecho, por tanto, es un conjunto de normas jurídicas que regulan las relaciones sociales establecidas por los órganos competentes e impuestas coactivamente.

Es importante entender que el Derecho no es solo un conjunto de normas, es, además, toda la organización que las hace valer. Ambas realidades, las normas y la organización que las sustentan, componen el ordenamiento jurídico de cada grupo social.

2.   La norma jurídica

2.1. Concepto, caracteres, estructura y clases

Como se acaba de indicar, el Derecho es, ante todo, un instrumento de organización social y un medio de resolución de conflictos. Para ello, se estructura con base en un conjunto de reglas de conducta que se denominan normas jurídicas y que se diferencian de otro tipo de reglas de conducta (reglas morales, mandatos religiosos, reglas sociales derivadas de la amistad, buena educación...) que no son Derecho.

Las normas jurídicas se caracterizan por su obligatoriedad (deben ser tenidas en cuenta tanto por la ciudadanía como por los poderes públicos), por su carácter coactivo (si no se cumplen voluntariamente, se pueden imponer por la fuerza a través de los instrumentos previstos para ello: multas, embargos, sanciones, privación de libertad...), por su abstracción (tratan de regular una pluralidad de supuestos) y su generalidad (se dirigen a todos los sujetos, no a personas concretas o determinadas). En suma, las normas jurídicas pueden definirse como normas de conducta vinculantes y coactivas dirigidas a organizar las relaciones sociales.

Las normas jurídicas suelen funcionar como un silogismo: plantean una hipótesis (supuesto de hecho) y establecen las consecuencias o los efectos que se producirán siempre que se dé esa hipótesis (consecuencia jurídica). Por ej., según el art. 240 del CC. la mayor edad empieza a los dieciocho años cumplidos. El supuesto de hecho en este caso será cumplir 18 años y la consecuencia jurídica la adquisición de la mayoría de edad.

De las normas jurídicas se pueden hacer muchas clasificaciones, nos interesan especialmente dos:

a) Por el ámbito de aplicación, se distingue entre normas generales (se aplican a todas las personas y en todo el territorio) y especiales (se aplican en una parte del territorio, como las normas autonómicas que rigen solo en el territorio de una comunidad autónoma, o a algunas personas, como el Derecho foral aragonés que se aplica solo a las personas con vecindad civil aragonesa).

b) Por el hecho de que puedan ser o no ser sustituidas por la voluntad de los particulares, se habla de normas imperativas (o de derecho necesario) cuando la norma no puede dejar de aplicarse por los particulares, y de normas dispositivas (o de derecho voluntario) cuando su contenido puede ser alterado o modificado por los particulares. Esta clasificación es importante para el Derecho privado, cuyas normas son, en su mayoría, dispositivas, por lo que pueden ser sustituidas por la voluntad de los interesados al contratar. La función de las normas dispositivas es resolver los problemas que se plantean si las personas al celebrar un acto o un contrato no son precisas y olvidan pactar sobre cuestiones que tarde o temprano se plantean (un ejemplo de norma imperativa es la que obliga a pagar un impuesto. Y un ejemplo de norma dispositiva la que determina quién paga los gastos en una compraventa).

2.2. El sistema español de fuentes del Derecho

La expresión «fuentes del Derecho» se emplea para referirse al lugar de donde surgen las normas jurídicas y, más concretamente, a sus modos de expresión y exteriorización. El sistema de fuentes cumple una doble función. En primer lugar, nos indica dónde están las normas jurídicas que debemos observar. En segundo lugar, establece el orden de tales normas para señalarnos la norma vigente, esto es, aquella que debemos aplicar.

El sistema de fuentes está plasmado en el artículo 1 del Código Civil (en adelante, CC) que fija y ordena jerárquicamente las fuentes del Derecho español, señalando como tal, en primer lugar, a la ley (cualquier norma escrita), en segundo lugar, a la costumbre (norma no escrita) y, en tercer lugar, a los principios generales del Derecho.

La redacción actual del artículo 1 del CC es del año 1973 y, por tanto, anterior a la Constitución de 1978, que reformó y reordenó el sistema de fuentes. La Constitución es la norma jurídica suprema del ordenamiento jurídico (determina cuáles son los órganos competentes para crear las normas y su proceso de elaboración). Por ello, la Constitución debe anteponerse y añadirse a la enumeración tradicional del CC y pasa a ocupar el vértice del sistema. Es la norma jurídica suprema, por lo cual todas las demás deben ajustarse a ella. La ley que no lo haga será inconstitucional y así lo declarará el órgano encargado de velar por la constitucionalidad de las leyes: el Tribunal Constitucional. Es una norma jurídica y, como tal, es directamente aplicable y sus preceptos pueden alegarse ante los tribunales.

2.2.1. La Ley

Cuando el CC habla de la ley como fuente del Derecho, emplea el significado más amplio de la palabra: norma jurídica escrita, general y abstracta emanada de los distintos poderes del Estado (legislativo/ejecutivo; estatal/autonómico). Este concepto de ley en sentido amplio abarca tanto las disposiciones legislativas que provienen del poder legislativo (las Cortes Generales, Congreso de los Diputados y Senado y las asambleas legislativas de las comunidades autónomas), como las que provienen del poder ejecutivo (el Gobierno y los distintos órganos de la administración, ministros, comisiones delegadas del Gobierno, -que tiene potestad reglamentaria).

Sin embargo, en sentido estricto, la palabra ley se emplea para referirse exclusivamente a las disposiciones normativas dictadas por los órganos con competencia legislativa, integrados por los representantes del pueblo del que emana la soberanía nacional (las Cortes Generales y las Asambleas legislativas de las comunidades autónomas). Y, por tanto, incluye a todas las disposiciones que tienen "rango de ley".

Las leyes orgánicas y las leyes ordinarias

Centrándonos en la legislación estatal, las Cortes Generales (Congreso de los Diputados y Senado) dictan dos tipos de leyes, las leyes orgánicas y las leyes ordinarias, que se distinguen por dos criterios: el grado de participación parlamentaria que se exige para su aprobación, modificación o derogación y las materias sobre las que recaen.

Las leyes orgánicas requieren ser aprobadas, modificadas o, en su caso, derogadas por la mayoría absoluta de los miembros del Congreso, en votación final sobre el conjunto del proyecto. Las leyes ordinarias requieren mayoría simple de votos (art. 81.2 CE).

Son materias reservadas a leyes orgánicas: el desarrollo o ejecución de los derechos fundamentales y las libertades públicas, la aprobación y modificación de los estatutos de autonomía, la Ley Electoral General, y las demás previstas en la Constitución (art. 81.1 CE). Entre estas últimas podemos destacar la organización de los distintos poderes del Estado y de sus órganos (Poder Judicial, Tribunal Constitucional, Defensor del Pueblo), la convocatoria de referéndum o la aprobación de tratados internacionales

El decreto ley y el decreto legislativo

La tramitación parlamentaria de las leyes es lenta y compleja, lo que justifica que, bajo ciertas condiciones y circunstancias, la Constitución autorice al poder ejecutivo a dictar disposiciones con rango de ley por delegación de las Cortes Generales (decretos legislativos) o en caso de extraordinaria y urgente necesidad (decretos leyes).

En el caso de los decretos legislativos, las Cortes Generales delegan en el Gobierno la potestad de dictar normas con rango de ley, pero, por su carácter excepcional, deben hacerlo de forma expresa, sobre materias determinadas que no estén reservadas a leyes orgánicas y con fijación de un plazo para su ejercicio (art.

82 CE). Un ejemplo de decreto legislativo es el Real Decreto Legislativo 1/2010, de 2 de julio, por el que se aprueba el texto refundido de la Ley de Sociedades de Capital que refunde en una sola ley todas las disposiciones que antes se encontraban en distintas leyes (la de sociedades anónimas y la de sociedades de responsabilidad limitada).

En el caso de los decretos leyes, el poder ejecutivo no recibe delegación de las Cortes, sino que es la propia Constitución la que autoriza al Gobierno a dictar la disposición normativa con rango de ley, por tratarse de supuestos de extraordinaria y urgente necesidad que no pueden afrontarse tramitando la ley por el procedimiento ordinario, que es lento. Ahora bien, la Constitución configura los decretos leyes como disposiciones legislativas provisionales, por eso, deben ser sometidos al control del Congreso de los Diputados (antes de que transcurra un plazo de 30 días), para que se pronuncie expresamente sobre su convalidación o derogación. Por otro lado, deben quedar excluidas de la posibilidad de ser reguladas por decreto-ley, las materias reservadas a leyes orgánicas (art. 86 CE), aun cuando el artículo 86 de la Constitución solo enumera algunas.

Las disposiciones de rango reglamentario

El poder ejecutivo dicta también disposiciones normativas de rango inferior a la ley en virtud de su potestad reglamentaria (reconocida en el art. 97 CE). Son normas jurídicas de rango reglamentario y por tanto de rango inferior a la ley. Normas dictadas por escrito, para la ejecución, desarrollo o complemento de leyes preexistentes. Están siempre por debajo de la ley, no pueden tratar sobre materias reservadas a leyes, ni contradecir normas legales. Adoptan distintas formas según el órgano del que provengan: si las elabora el Gobierno en pleno adoptan la forma de decreto y si provienen de un ministerio en concreto la forma de orden ministerial. Al igual que las normas con rango de ley también se publican en el *BOE*.

El principio de jerarquía normativa está reconocido en el art. 9.3 de la Constitución e implica que las normas tienen un rango, en cuya cúspide, como se ha indicado antes y como podemos ver en la pirámide que aparece en la siguiente página, se encuentra la Constitución.

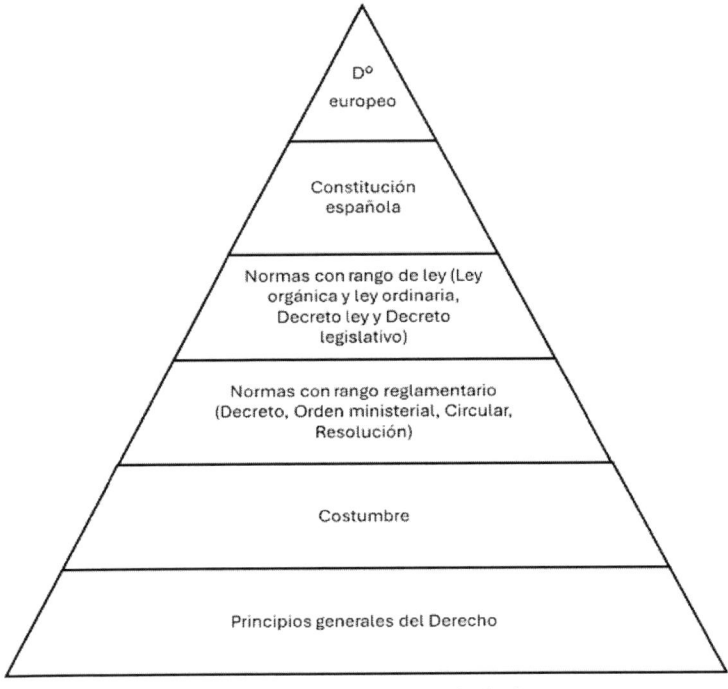

Proceso formativo de la ley

Si bien las leyes se elaboran y aprueban en las Cortes Generales, la iniciativa puede provenir del Gobierno (mediante la presentación de un proyecto de ley) de los grupos parlamentarios (por medio de una proposición de ley) y de la ciudadanía (a través de la iniciativa legislativa popular, que consiste en reunir al menos 500.000 firmas que se entregan y depositan en el Congreso).

Una vez aprobada, la ley no entra inmediatamente en vigor, sino que se abre un proceso dirigido a darle publicidad, para que sea, al menos teóricamente, conocida por sus destinatarios. Este proceso tiene dos pasos: la promulgación y la publicación.

La promulgación es un acto formal por el cual el rey, como máxima autoridad del Estado, certifica que existe una ley que, por haber seguido el procedimiento legislativo correcto, es válida y eficaz.

La publicación consiste en el hecho de insertar la norma en un diario oficial: el *Boletín Oficial del Estado* (www.boe.es).

La vigencia de las normas

Una vez publicada, la disposición normativa entra en vigor en una fecha concreta que suele venir determinada en la propia ley (inmediatamente, al día siguiente, a los tres meses). En el caso de que la entrada en vigor no sea inmediata, se habla de *vacatio legis* para referirse al período temporal durante el cual la vigencia de la ley se halla en suspenso. Si la ley no señala la fecha en la cual entra en vigor, conforme al artículo 2.1 del CC lo hará a los veinte días de su completa publicación en el *BOE*.

Una vez que entran en vigor, las leyes tienen vocación de permanencia y se proyectan hacia el futuro hasta que exista otra ley que las derogue. Derogar es dejar sin efecto una ley preexistente por publicarse una nueva que regula la misma materia (art. 2.2 CC: "las leyes solo se derogan por otras posteriores").

Cuando hay un cambio legislativo y una nueva norma entra en vigor, resulta de vital importancia determinar si debe aplicarse a las relaciones jurídicas surgidas con anterioridad a la misma o no. (Una persona tiene un piso en arrendamiento, y durante la vigencia del contrato, se tramita, publica y entra en vigor una nueva ley de arrendamientos urbanos; ¿por qué ley se rige su contrato?). Este problema lo abordan las llamadas normas de Derecho transitorio cuya finalidad es resolver este tipo de conflictos indicando si los actos y las situaciones realizados al amparo de una ley ya derogada deben continuar siendo regulados por la ley antigua o deben, en cambio, ser regulados por la nueva ley.

El problema tiene dos posibles soluciones. Si se considera que la nueva ley es retroactiva, se aplicará a los actos y a las situaciones nacidos bajo la vigencia de la ley antigua. En cambio, si la nueva ley es irretroactiva, solo debe ser aplicada a los actos que se realicen o las situaciones que se creen después de su entrada en vigor. Como regla general, lo justo será optar por la retroactividad cuando la nueva norma resulte beneficiosa para los destinatarios (por ej., una ley que baja el tipo impositivo aplicable a determinada actividad). En cambio, la irretroactividad debe ser la regla cuando la nueva norma restrinja los derechos tal y como los formulaba la anterior (por ej. una ley que imponga multas por hechos que antes resultaban libres de sanción).

Nuestro Derecho reconoce, como regla general, el principio irretroactividad de las normas en el artículo 9.3 de la Constitución que establece, como mandato imperativo, «la irretroactividad de las disposiciones sancionadoras no favorables o restrictivas de derechos individuales» y en el artículo 2.3 CC: «las leyes no tendrán efecto retroactivo si no dispusieren lo contrario».

2.2.2. La costumbre

Es una norma no escrita. Se diferencia de las leyes en que no procede de la organización política, sino que se trata de reglas que la sociedad se da a sí misma. La costumbre es una conducta generalmente observada en un lugar, comarca o territorio durante largo período de tiempo en cumplimiento de una hipotética regla de Derecho que se considera vigente. Esa conducta con el paso del tiempo acaba convirtiéndose en obligatoria.

La costumbre como fuente del Derecho ha tenido mucha importancia en otras épocas, pero su importancia actual es secundaria, pues es una fuente subsidiaria: las normas consuetudinarias solo tienen vigencia cuando no haya una ley escrita aplicable al caso, además, no debe ser contraria a la moral y debe resultar probada (art. 1.3 CC).

2.2.3 Los principios generales del Derecho

Inspiran nuestro ordenamiento jurídico (principios de derecho natural, de derecho histórico, las convicciones éticas imperantes en la comunidad), es decir, son los criterios genéricos en los que se fundamentan nuestras normas jurídicas (un ejemplo de un principio general del Derecho es la prohibición de enriquecimiento injusto, o la buena fe).

Los principios generales son una fuente subsidiaria de segundo grado: solo se aplican en defecto de ley y de costumbre. Su función es cerrar el sistema de fuentes, pues obliga a los jueces a resolver los asuntos que se les plantean sin que puedan alegar que no existe una norma jurídica aplicable al caso.

2.3. El ordenamiento jurídico de las comunidades autónomas

El artículo 2 de la Constitución consagra la unidad de la nación española y, al mismo tiempo, garantiza «el derecho a la autonomía de nacionalidades y regiones que la integran». Por ello, en el título VIII ("De la organización territorial del Estado") se crean las comunidades autónomas (en adelante CCAA) y se lleva a cabo el proceso descentralizador del poder del Estado por el método de transferir determinadas competencias (por ejemplo, en materia de sanidad o educación). Por todo ello, hay competencias exclusivas del Estado (sobre las que solo puede legislar el Estado), competencias exclusivas de las CCAA (que elaboran las leyes en las asambleas legislativas de acuerdo con sus estatutos) y competencias compartidas (el Estado dicta una ley que recoge las directrices generales y las comunidades autónomas las desarrollan). En caso de conflicto de competencias entre el Estado y las CCAA, deberá resolver el Tribunal Constitucional.

Cada comunidad autónoma tiene su propio estatuto de autonomía, que, como ya sabemos, se aprueba por medio de una ley orgánica y que, después de la Constitución, es la norma fundamental de dicha comunidad autónoma, pues en ella se recogen sus competencias, su organización (órganos legislativos, ejecutivos y judiciales) y su modo y medios específicos de creación del Derecho.

El ordenamiento jurídico de las comunidades autónomas se integra en el ordenamiento jurídico español por los principios de competencia, jerarquía, temporalidad y especialidad.

En las CCAA, al igual que sucede en el ámbito estatal, existe también una división de poderes: legislativo (asambleas legislativas), ejecutivo (Gobierno de la CA) y judicial (Tribunales de Justicia de la respectiva CA).

2.4. El ordenamiento jurídico europeo y el Derecho español

España ingresó en la Unión Europea en el año 1986 (llamada entonces CEE). Desde ese momento tuvo que adaptar su Derecho al elaborado por los órganos de dicha organización supranacional. Esa adaptación vino exigida porque, conforme al principio de jerarquía normativa ya citado, el Derecho de la Unión Europea está por encima del Derecho de cada uno de los Estados miembros.

Lo más característico de la Unión Europea es la creación de un ordenamiento jurídico nuevo resultante de la limitación de los Derechos soberanos de los Estados miembros. Es un Derecho supraestatal: tiene instituciones propias (la Comisión, el Consejo, el Parlamento y el Tribunal de Justicia).

Instituciones de la Unión Europea
El Consejo está compuesto por representantes de los Estados que deben ser miembros del Gobierno de cada Estado de la Unión. Es el principal órgano decisorio de la UE, con funciones normativas.

Principales instituciones de la Unión Europea
La Comisión es un órgano colegiado cuyos miembros, los comisarios, se nombran de común acuerdo por los Gobiernos de los distintos Estados. Ejerce sus funciones con independencia de los Estados miembros, puesto que representa y defiende los intereses europeos.

El Parlamento Europeo está compuesto por parlamentarios elegidos en cada país por sufragio universal, libre, directo y secreto. Pese a su nombre, no tiene las mismas funciones que los parlamentos nacionales, aunque participa de forma cada vez más activa en la elaboración de las normas europeas junto al Consejo. Le corresponde además el control de la Comisión y tiene competencias, entre otras, consultivas y presupuestarias.

El Tribunal de Justicia se compone de jueces y abogados generales y tiene como función asegurar la aplicación del ordenamiento europeo.

El Derecho de la Unión Europea

Está constituido por el llamado Derecho originario o primario del que forman parte los distintos tratados que han ido configurando la Unión Europea (Tratado de Roma, por el que se constituyó la CEE en el año 1957, y los posteriores modificativos de este hasta la actualidad) y por el Derecho derivado integrado por normas jurídicas de diferente tipo dictadas por las instituciones europeas para la consecución de los objetivos contenidos en los tratados.

Nos interesa detenernos brevemente en el Derecho derivado, en el que destacan los reglamentos (normas de carácter general, obligatorias en todos su contenido y que son directamente aplicables a todos los Estados miembros), las directivas, que obligan a los Estados miembros en cuanto al resultado que debe conseguirse, dejando a las autoridades nacionales la elección de la forma y los medios necesarios para conseguirlo (por ello su contenido se tiene que transponer en cada Estado miembro en el plazo que fija la propia directiva, que suele ser de aproximadamente dos años) y las decisiones (que son directamente aplicables, pero que no obligan a todos los Estados miembros sino a algunos de ellos o que tienen otros destinarios como pueden ser empresas, sectores de actividad, etc.)

3.   Derecho y economía

3.1. Relaciones económicas y Derecho

El Derecho regula todas las relaciones sociales, incluidas también las económicas. Por ello, la conexión entre el Derecho y la economía es indudable, ya que la actividad económica está regulada por normas jurídicas y se lleva a cabo por medio de instrumentos jurídicos.

La Constitución determina las bases del sistema económico, esto es, las directrices en las que se asienta la estructura y la organización del modelo económico de nuestra sociedad. Son normas jurídicas las que regulan las grandes instituciones económicas (la industria, la banca, la empresa) y su actividad o modo de operar. Por otro lado, ya hemos señalado que la actividad económica se realiza a través de instrumentos jurídicos (se ha dicho que «toda operación económica acaba revistiendo, antes o después, una determinada vestidura jurídica»), lo que determina que cualquier actividad de orden económico (ir a un banco a pedir un préstamo, comprar maquinaria, contratar a una persona para trabajar, buscar un fabricante para distribuir sus productos, pagar impuestos) pueda y deba ser considerada desde la óptica económica y desde la óptica jurídica.

No todo el Derecho tiene interés desde el punto de vista económico. Solo lo tienen determinados sectores o ramas jurídicas.

3.2. Derecho público y Derecho privado. El Derecho patrimonial. El Derecho civil. El Derecho mercantil o Derecho de la Empresa

El Derecho, como toda ciencia social, se ha ido complicando de la mano de la propia experiencia que tiene que hacer frente a nuevas realidades y problemas. Esta complejidad ha hecho que su estudio y aplicación se haya ido especializando en sectores, ramas o disciplinas (Derecho penal, político, administrativo, procesal, tributario, canónico, internacional), cada una de las cuales quedaba adscrita a una de las dos grandes categorías en las que tradicionalmente se ha dividido la ciencia del Derecho: el Derecho público y el Derecho privado.

El Derecho público articula o regula las relaciones entre los poderes públicos o entre los poderes públicos y la ciudadanía, persiguiendo siempre el interés de la colectividad o interés general (Derecho penal, Derecho administrativo, Derecho político). El Derecho privado regula relaciones entre particulares atendiendo a intereses individuales. De estas dos grandes ramas del Derecho, vamos a centrarnos en el Derecho privado dado que el estudio de su contenido es imprescindible para adentrarse en el conocimiento de la ciencia económica.

El Derecho privado, conjunto de normas dirigidas a regular las relaciones entre particulares, es tan antiguo que es imposible precisar el momento temporal de su nacimiento. Aparece con las primeras normas que regulan la apropiación de los bienes (propiedad) y las primeras transacciones económicas (contratos), que con el tiempo cristalizaron en un sistema normativo que, básicamente, coincide con lo que en actualidad se denomina Derecho civil patrimonial: aquella parte del Derecho que regula el conjunto de normas o instituciones a través de las cuales se realizan y ordenan las actividades económicas de las personas.

El Derecho civil español, esto es, aquella rama del Derecho español que se ocupa de las relaciones entre particulares (persona, propiedad, contratos, familia y sucesiones) se caracteriza por su pluralidad, ya que por razones históricas en España no existe un solo Derecho civil. Ello obliga a distinguir entre el Derecho civil común, aplicable en todo el territorio nacional, y los Derechos forales o especiales que se aplican en determinadas regiones o zonas del territorio nacional, de forma que en aquellos lugares donde existe Derecho civil propio, se aplica primero este y el Derecho civil común se aplica con carácter supletorio. Aragón es un territorio en el que existe Derecho foral. El Derecho civil aragonés se encuentra recogido en el Código de Derecho Foral de Aragón, el texto refundido de las leyes civiles aragonesas, aprobado por el decreto legislativo 1/2011, de 22 de marzo (cuya última modificación se llevó a cabo en el año 2024).

Estas reglas civiles, aplicables a la generalidad de las relaciones entre particulares, no eran satisfactorias para aquellas personas (comerciantes, mercaderes) que realizaban transacciones económicas como profesión y, por tanto, de forma reiterada. La razón es que las normas civiles regulan actos individuales y aislados, que requieren reglas distintas a los mismos actos realizados en masa: no es lo mismo comprar una cosa mueble para el uso o consumo (compraventa civil) que comprar cosas muebles para revenderlas, bien en la misma forma que se compraron, bien en otra diferente, con ánimo de lucrarse en la reventa (compraventa mercantil). Por ello, en la Edad Media, los mercaderes comienzan a crear y aplicar unas normas a medida de sus intereses, más flexibles, separándose de las reglas generales aplicables a la actividad económica privada. Nace así un nuevo sector normativo, el *ius mercatorum*, como derecho especial, privilegiado o de clase, que es el germen del moderno Derecho mercantil o Derecho de la empresa, que es aquella parte del Derecho privado que regula el empresario, su estatuto y su actividad externa en el tráfico económico.

4.   Las bases del sistema económico

Se denomina Constitución económica a aquella parte del texto constitucional que se ocupa de determinar las reglas básicas del sistema económico, es decir, las directrices en las que se asienta la estructura y la organización del sistema económico de una sociedad en un determinado momento histórico. En nuestro ordenamiento jurídico, tales directrices se encuentran en el título I de la Constitución y, en particular, en los artículos que establecen su modelo económico.

Cuando se diseña un modelo económico, se trata de contestar a dos preguntas fundamentales:

1. ¿A qué sujetos se reconoce la atribución o propiedad de los bienes económicos?
2. ¿Cómo se realiza el traspaso o la circulación de tales bienes de uno a otro sujeto de la actividad económica?

En términos generales, nuestra Constitución responde a estas preguntas dentro de un modelo de corte capitalista, en el que:

Se atribuye la dominación o propiedad de los bienes, sean de consumo o de producción, a los particulares. Para ello reconoce el derecho a la propiedad privada (art. 33 CE).

Su circulación corresponde a la iniciativa privada a través de una política de libre mercado. Para ello reconoce los principios de economía de mercado y la libertad de empresa (art. 38 CE).

No obstante, la Constitución en el desarrollo de este modelo tiene un fuerte cariz social («toda la riqueza del país está subordinada al interés general»), que se concreta en los denominados principios rectores de la política social y económica, recogidos en el capítulo III, del título I, que faculta la intervención del Estado para: la protección de la familia y de la infancia (art. 39), la atención particular a los trabajadores españoles en el extranjero (art. 42) a las personas con discapacidad (art. 49) y a la tercera edad (art. 50), la redistribución de la renta y la política de pleno empleo (art. 40.1), la mejora de las condiciones laborales (art. 40.2) y, en general, de la calidad de vida y del medio ambiente (art. 45), la institucionalización de la Seguridad Social (art. 41), la protección de la salud y el fomento de la educación sanitaria y el deporte (art. 43), el derecho a disfrutar de una vivienda digna y la lucha contra la especulación urbanística (art. 47) y la defensa de consumidores (art. 51).

4.1. La propiedad privada

Considerada el pilar básico del sistema constitucional, está consagrada en el artículo 33, conforme al cual, se reconoce el derecho a la propiedad privada (al cual nos referiremos en el tema 3) y a la herencia.

No obstante, esta supremacía de la propiedad privada no ha impedido la existencia de una serie de bienes que, por su importancia y por estar destinados al uso común o a un servicio público, han sido excluidos de la mano privada y están sujetos a un régimen especial (son bienes inalienables, inembargables e imprescriptibles), denominado genéricamente de dominio público, cuyo conjunto conforma el Patrimonio del Estado.

Las facultades inherentes a la propiedad privada encuentran límites impuestos por su función social (art. 33.2 CE).

La atención de intereses generales, sobre todo la realización de obras públicas, requiere frecuentemente que los derechos de los particulares deban plegarse a exigencias de carácter general, lo que puede conducir incluso a la pérdida plena y definitiva de un derecho de propiedad. A tal fin, atiende la institución conocida con el nombre de expropiación forzosa regulada en el párrafo 3 del mismo artículo 33: «Nadie podrá ser privado de sus bienes y derechos sino por causa justificada de utilidad pública y de interés social, mediante la correspondiente indemnización y de conformidad con lo dispuesto en las leyes».

4.2. Libertad de empresa, economía de mercado y planificación

La norma fundamental sobre esta cuestión es el artículo 38: «Se reconoce la libertad de empresa en el marco de la economía de mercado. Los poderes públicos garantizan y protegen su ejercicio y la defensa de la productividad, de acuerdo con las exigencias de la economía general y, en su caso, la planificación». El artículo 38 trata de cohonestar dos términos en principio antitéticos: la libertad de empresa y la necesaria intervención y planificación de la actividad económica por los poderes públicos derivada de las exigencias de la economía general. Así, nuestra Constitución comparte el sistema económico del resto de los países occidentales, en los que el protagonismo en la materia de iniciativa económica está en manos tanto del sector público como del sector privado.

Entendemos que hay dos normas de gran importancia en materia de iniciativa económica pública que hay que interpretar en relación con el art. 38 CE.

Por una parte, el art. 128.2 CE, en el que se reconoce la iniciativa pública en la actividad económica y la posible reserva al sector público mediante ley, de recursos o servicios esenciales, especialmente en caso de monopolio.

Por otra, el art. 131.1 CE, que señala la posibilidad de que el Estado, mediante ley, planifique la actividad económica general, para atender necesidades colectivas, equilibrar y armonizar el desarrollo regional y sectorial y estimular el crecimiento de la renta y de la riqueza y su más justa distribución.

Tema 2. La relación jurídica patrimonial y sus sujetos

1. La relación jurídica patrimonial y los derechos subjetivos

La relación jurídica puede definirse como una relación de la vida social, que tiene su origen en un hecho jurídico y, que por considerarse esencial, es regulada por el Derecho de forma orgánica y unitaria. A modo ejemplificativo, la relación paternofilial surge del nacimiento de un hijo. Sobre esa base, la relación jurídica patrimonial es aquella relación jurídica que tiene por objeto la realización de una actividad de carácter económico.

En una relación jurídica pueden distinguirse los siguientes elementos:
— Los sujetos. Son las personas o los titulares que concurren en la relación jurídica.

En cualquier relación jurídica se identifica a una persona a la que se le atribuyen derechos (sujeto activo), y a otra que ocupa una posición de deber (sujeto pasivo), al que se le imponen obligaciones. En las relaciones contractuales, ambas partes son, simultáneamente, titulares de derechos y destinatarios al mismo tiempo de deberes.
— El objeto. Es la parte de la realidad social y jurídica sobre la que recae el poder o posibilidad de actuación del sujeto (por ejemplo, la familia o las cosas).
— El contenido. Está formado por el conjunto de derechos y deberes que integran la relación jurídica. Forman parte del contenido de la relación jurídica los derechos subjetivos, las potestades y las facultades jurídicas.

Se considera derecho subjetivo la situación de poder o conjunto de facultades que se conceden por el ordenamiento jurídico a una persona para actuar en defensa de sus intereses.

El contenido del derecho subjetivo comprende:

— Un conjunto de facultades o posibilidades de actuación que se otorgan al sujeto con respecto al objeto.
— Un conjunto de deberes.
— Unos determinados mecanismos de protección jurídica, denominados acciones y que consisten en la posibilidad de reclamar la intervención de los poderes del Estado en defensa del derecho tutelado.

Un derecho subjetivo es el derecho de propiedad. El artículo 348 del Código Civil reconoce como facultades del derecho de propiedad el derecho de gozar y disponer de una cosa o de un animal, sin más limitaciones que las establecidas en las leyes. El mismo precepto determina unos mecanismos de protección jurídica, porque reconoce al propietario una acción contra el tenedor y el poseedor de la cosa o del animal para reivindicarlo. Por su parte, el artículo 1907 del Código Civil impone al propietario de un edificio una obligación de mantenimiento, al hacerlo responsable de los daños que resulten de la ruina de todo o parte de él, si esta sobreviniere por falta de las reparaciones necesarias.

2.   Los sujetos de la relación jurídica patrimonial

Las personas físicas y las jurídicas son sujetos de derechos y, por tanto, se les reconoce su participación en la vida jurídica. Además, la condición de sujeto de Derecho atribuye la aptitud para actuar en la vida jurídica como titular de derechos y obligaciones.

Es necesario efectuar con carácter previo la distinción entre capacidad jurídica y capacidad de obrar.

- La capacidad jurídica se define como la aptitud para ser titular de derechos y de deberes.
- La capacidad de obrar es la aptitud para ejercer por uno mismo esos derechos y cumplir con las obligaciones. La capacidad de obrar depende de la edad y de la facultad de autogobierno, que puede estar condicionada, por determinadas discapacidades.

2.1. La persona física: aspectos generales

2.1.1. El comienzo de la personalidad

El artículo 29 del Código Civil declara que el nacimiento determina la personalidad. Este precepto debe ser completado con el artículo 30 del Código Civil que establece que la personalidad se adquiere en el momento del nacimiento con vida, una vez desprendido del seno materno; es decir, desde el momento del corte del cordón umbilical.

Con anterioridad a 2011, para la adquisición de la personalidad se requería que el feto tuviera figura humana y viviera 24 horas enteramente desprendido del seno materno.

La inscripción en el Registro Civil no es un requisito para la adquisición de personalidad jurídica. No obstante, sí que constituye la prueba habitual de nacimiento.

En el caso de nacimientos múltiples, el artículo 31 del Código Civil da al primer nacido los derechos que la Ley reconozca al primogénito. Esto puede ser relevante para la sucesión en la Corona y en los títulos nobiliarios.

El Código Civil proporciona también protección al denominado *nasciturus*, esto es, al concebido, pero no nacido. Al concebido se tiene por nacido para todos los efectos que le sean favorables, siempre que el nacimiento se produzca con vida una vez desprendido del seno materno.

Hay que precisar que al concebido no se le reconoce personalidad jurídica, pues la misma se adquiere, como se ha indicado, con el nacimiento. No obstante, el ordenamiento jurídico le permite beneficiarse de determinados actos con trascendencia jurídica que le resulten beneficiosos, por ejemplo, ser beneficiario de una disposición testamentaria o de una donación. En este segundo caso, la donación será aceptada por la persona que legítimamente lo representaría, si se hubiera producido el nacimiento.

2.1.2. La vecindad civil

En España, la vecindad civil es la condición que justifica la aplicabilidad a una determinada persona física del Derecho civil común o de un Derecho civil foral (artículo 14 CC), lo que es relevante porque regirá su capacidad, los derechos y deberes de familia y la sucesión por causa de muerte (artículo 9.1 del Código Civil).

La adquisición de la vecindad civil puede producirse:

— Por filiación: tienen vecindad civil en territorio de derecho común, o en uno de los de derecho especial o foral, los nacidos de padres que tengan tal vecindad.

Si los progenitores tienen distinta vecindad civil, ambos progenitores, o el que ejerza o le haya sido atribuida la vecindad civil, pueden atribuir la vecindad de cualquiera de ellos, mientras no transcurran seis meses desde su nacimiento o adopción.

En el caso de que no se ejercite esa opción, se atribuye al descendiente la vecindad de su lugar de nacimiento.

Por último, si el descendiente nace fuera de España y los padres con distinta vecindad no le atribuyen ninguna, se aplica, en último término, la vecindad de derecho común.

— Por opción: en dos supuestos. El hijo mayor de catorce años, y hasta que transcurra un año después de su nacimiento, podrá optar bien por la vecindad civil del lugar de su nacimiento, bien por la última vecindad de cualquiera de sus padres. El segundo supuesto es que cualquiera de los cónyuges no separados (legalmente o de hecho) podrá en todo momento optar por la vecindad civil del otro.

— Por residencia: la vecindad civil se adquiere por residencia continuada durante dos años, siempre que el interesado manifieste ser esa su voluntad o por residencia continuada de diez años sin declaración en contrario. Estas manifestaciones deben constar en el Registro Civil.

En cualquier caso, el Código Civil indica que en caso de duda prevalecerá la vecindad civil que corresponda al lugar de nacimiento.

2.1.3. La edad y la emancipación

Nuestro ordenamiento jurídico utiliza la edad de una persona para el reconocimiento de capacidad de obrar, esto es, la aptitud legal que se reconoce a una persona para ejercitar sus derechos y cumplir con sus obligaciones.

La edad que sirve como referencia para el reconocimiento de esa capacidad de obrar es la mayoría de edad, que empieza a los 18 años. Desde ese momento, el mayor de edad es capaz para todos los actos de la vida civil, salvo excepciones (artículo 246 del Código Civil). Con la mayoría de edad desaparece la sujeción de la persona a la patria potestad y, en Aragón, a la autoridad familiar.

Seguidamente, debemos hacer referencia a dos situaciones:

— La minoría de edad

El menor de edad tiene una capacidad de obrar limitada, por ese motivo, está sujeto a un régimen de representación legal que recibe el nombre de patria potestad y, en Aragón, de autoridad familiar. Esta representación legal supone que son quienes ostentan esta facultad los que actúan en nombre del menor. No obstante, esta representación no opera en todos los ámbitos, ya que se excluyen (artículo 162 del Código Civil): los actos relativos a los derechos de la personalidad que el hijo, de acuerdo con su madurez, pueda ejercitar por sí mismo, aquellos en que exista conflicto de intereses entre los padres y el hijo y los relativos a bienes que estén excluidos de la administración de los padres.

Para celebrar contratos que obliguen al hijo a realizar prestaciones personales se requiere su previo consentimiento si tuviere suficiente juicio.

El Derecho foral aragonés establece una especialidad durante la minoría de edad. El menor de edad mayor de catorce años que ostente la vecindad civil aragonesa es un menor de edad con capacidad ampliada o anticipada. Desde esta edad, carece de representante legal y puede celebrar por sí toda clase de actos y contratos con asistencia de quien tenga atribuido el ejercicio de la autoridad familiar. No siendo necesaria esta asistencia en los actos que la Ley le permita realizar por sí solo (artículo 23 del CDFA).

— La emancipación:

La emancipación es una situación intermedia entre la minoría y la mayoría de edad. Esta situación supone la ampliación de la capacidad de obrar del menor, equiparándolo casi al mayor de edad, porque le habilita para regir su persona y bienes como si fuera mayor.

La emancipación tiene lugar:

1. Por concesión de quienes ejercen la patria potestad. Se requiere que el menor tenga 16 años, consienta la emancipación y sea concedida por quienes ejerzan la patria potestad, en escritura pública o por comparecencia ante el encargado del Registro Civil.

   La concesión concedida por esta vía no requiere que se justifiquen las causas por las que se concede la emancipación. La emancipación es irrevocable y para producir efectos contra terceros deberá ser inscrita en el Registro Civil.

2. Por concesión judicial. Esta forma de emancipación puede reconocerse al hijo como al sometido a tutela y se otorga a petición del propio menor.

En el primero de los casos, se requiere, además, audiencia previa de los progenitores y la concurrencia de alguna de las siguientes causas: que quien ejerce la patria potestad contrajere nupcias o conviviere maritalmente con persona distinta del otro progenitor; que los progenitores vivieren separados, o que concurra cualquier causa que entorpezca gravemente el ejercicio de la patria potestad.

En el caso del menor de edad sometido a tutela, no es necesaria la concurrencia de una causa, pero requiere informe previo del Ministerio Fiscal.

3. Por vida independiente. En este caso el menor ha tenido que cumplir dieciséis años, llevar una vida independiente que se identifica, con el desarrollo de una profesión o empleo, que es administrada por sí y para sí, y el consentimiento (expreso o tácito) de sus padres o tutores. Este consentimiento de los padres o tutores puede ser revocado, por lo que se considera que no es inscribible en el Registro Civil y que tampoco habilita al menor para realizar actos personales de opción, que sí se autorizan en las otras dos formas de emancipación.

Los efectos de la emancipación se producen en la esfera personal y patrimonial. En el primero de estos ámbitos, puede casarse, ejercer la patria potestad sobre sus hijos, reconocerlos, adquirir la vecindad civil por opción y comparecer en juicio por sí solo. No obstante, en la esfera patrimonial está sujeto todavía a una serie de restricciones. El artículo 247 del Código Civil establece que hasta que llegue a la mayoría de edad no podrá tomar dinero a préstamo, gravar o enajenar bienes inmuebles y establecimientos mercantiles o industriales u objetos de extraordinario valor sin consentimiento de sus progenitores y, a falta de ambos, sin el de su defensor judicial.

Uno de los principales efectos que produce la emancipación es la desaparición de la representación legal y su sustitución por un sistema de complemento de la capacidad (asistencia). Esta asistencia se prestará individualizadamente para cada acto. No obstante, puede ser expreso, tácito, previo, simultáneo o posterior. La realización del acto sin la debida asistencia provoca que el acto realizado por el menor emancipado sea anulable.

2.1.4. La capacidad de obrar de la persona con discapacidad

La discapacidad puede obedecer a muy diferentes causas físicas, sensoriales, intelectuales o psíquicas y presentar distintos niveles. Por ese motivo, para considerar que la discapacidad tiene incidencia en la capacidad de obrar de la persona con discapacidad, nos referiremos a las discapacidades que, de modo previsiblemente permanente, impidan o dificulten a la persona comprender, valorar o expresar por sí sola el consentimiento en la toma de decisiones, tanto en aspectos personales como patrimoniales.

El tratamiento de la capacidad de obrar de las personas con discapacidad ha sido objeto, en los últimos años, de una profunda transformación. La razón ha sido la suscripción por España del Convenio de Nueva York, de 13 de diciembre de 2006, cuyo artículo 12 reconoce que las personas con discapacidad tienen capacidad jurídica en igualdad de condiciones con las demás en todos los aspectos de la vida, y obliga a los Estados parte a adoptar las medidas pertinentes para proporcionar a las personas con discapacidad acceso al apoyo que puedan necesitar en el ejercicio de su capacidad jurídica.

La suscripción de este Convenio requería que nuestro ordenamiento jurídico efectuara una profunda reforma porque nuestra concepción se basaba en que las personas con discapacidad debían ser objeto de protección. Esto justificaba que judicialmente y, en atención a su situación, pudieran incluso ser privadas en todo, o en parte, de su capacidad de obrar en un proceso de incapacitación, al nombrarse un tutor que realizara una representación de la persona con discapacidad.

La falta de coherencia entre el Convenio de Nueva York y nuestro ordenamiento jurídico justificó la necesidad de efectuar un importante cambio legislativo. La reforma se ha realizado en el Código Civil, por la Ley 8/2021, de 2 de junio, y en el Código de Derecho Foral de Aragón (aplicable a quienes ostentan la vecindad civil aragonesa) por la Ley 3/2024.

La concepción actual de la capacidad de obrar de la persona con discapacidad impide efectuar una declaración formal sobre la capacidad de la persona —ya no es posible declarar a una persona incapaz— y se considera que toda persona con discapacidad tiene capacidad de obrar, aunque, en algunos casos, precise de la determinación de unos apoyos para su ejercicio. El Tribunal Supremo ha declarado que la idea es que se diseñe un traje a medida para cada persona, en función del grado de discapacidad y de las necesidades concretas, con un sistema que no anule la voluntad de estas personas, sino que, mediante un conjunto de apoyos, les ayuda a desarrollar su proyecto de vida.

Las medidas de apoyo pueden clasificarse entre:

— Medidas de apoyo de naturaleza voluntaria, que son establecidas por la propia persona con discapacidad por la apreciación actual, o en previsión de la concurrencia futura, de alguna circunstancia que pueda dificultarle el ejercicio de su capacidad jurídica en condiciones de igualdad. Es necesario que, en el momento de su provisión, la persona pueda manifestar una voluntad válida.

Se indicará la persona que quiere que le preste ese apoyo y el alcance de las medidas, pudiendo añadir las salvaguardas que estime necesarias para respetar su voluntad, deseos y preferencias.

Son medidas voluntarias, por ejemplo, los poderes o mandatos preventivos otorgados en escritura pública.

— La guarda de hecho. Se trata de una medida informal de apoyo, que no ha sido ni designada por la propia persona ni judicialmente y que puede concurrir cuando no haya medidas voluntarias ni judiciales que se estén aplicando eficazmente.

La guarda de hecho proporciona cobertura a la situación que viene desempeñando alguna persona del entorno familiar, que se encarga del apoyo y cuidado de la persona con discapacidad, llegando incluso a realizar actos de carácter representativo.

— Medidas judiciales, que son adoptadas por la autoridad judicial. Estas son:

a) La curatela. Se prevé para las personas que precisen de un apoyo de manera continuada. La extensión de esta medida de apoyo se determinará en la resolución judicial en armonía con la situación y circunstancias de la persona con discapacidad y con sus necesidades de apoyo, siendo proporcionadas y debiendo respetar la máxima autonomía de la persona y tener en cuenta su voluntad, deseos y preferencias. En ningún caso, la resolución judicial incluirá la privación de derechos políticos, personales o patrimoniales.

El espíritu de la norma es que la curatela sea, primordialmente, asistencial, es decir, solo excepcionalmente el designado como curador podrá actuar como represente legal del discapacitado. La curatela puede ser asistencial, que es la regla general o, representativa, con carácter excepcional y reservada para los casos más graves.

b) El defensor judicial, se establece para los supuestos en que una persona precisa de apoyos de manera ocasional, aunque pueda ser concurrente. También, cuando exista conflicto de intereses entre la persona con discapacidad y la que debe prestarle el apoyo, cuando la persona que está designada para prestarle el apoyo no pueda hacerlo y hasta que cese la causa determinante o se designe a otra persona, etc.

Las medidas de apoyo adoptadas judicialmente serán revisadas periódicamente en un plazo máximo de tres años. No obstante, la autoridad judicial puede establecer un plazo de revisión superior que no podrá exceder de seis años. En cualquier caso, las medidas de apoyo adoptadas judicialmente se revisarán ante cualquier cambio en la situación de la persona que pueda justificar una modificación de dichas medidas.

2.1.5. La extinción de la personalidad

El artículo 32 del Código Civil determina que la personalidad civil se extingue por el fallecimiento de la persona física. No obstante, hay dos aspectos jurídicos en los que se proyecta la personalidad de una persona tras su muerte:

— El respeto a la determinación del destino de su cuerpo y bienes.

— La protección de sus derechos al honor, a la intimidad personal y familiar y a la propia imagen (artículos 4 y ss. de la LO 1/1982).

El Código Civil establece una presunción de conmoriencia en su artículo 33. Así se prevé que, si se duda, entre dos o más personas llamadas a sucederse, quién de ellas ha muerto primero, el que sostenga la muerte anterior de una o de otra debe probarla; a falta de prueba, se presumen muertas al mismo tiempo y no tiene lugar la transmisión de derechos de uno a otro.

Una vez producida la muerte de la persona física es necesaria la inscripción del fallecimiento en el Registro Civil.

2.2. La persona jurídica

2.2.1. Concepto

El Derecho reconoce junto a la persona física, personalidad jurídica a favor de determinadas organizaciones y capacidad de obrar (artículos 35 a 39 del Código Civil). A diferencia de las personas físicas, cuya personalidad jurídica es inherente a su condición de ser humano, el reconocimiento de personalidad a las personas jurídicas se deriva de un reconocimiento normativo.

Las personas jurídicas son un sujeto de Derecho constituido por una pluralidad de personas físicas (miembros de una asociación o sociedad), o por una masa de bienes adscritos a la consecución de fin de interés general (fundaciones). Son, pues, una entidad independiente de las personas físicas que la integran y están dotadas de una organización jurídica propia y estable o con vocación de permanencia.

2.2.2. Tipos de personas jurídicas

El artículo 35 dispone que son personas jurídicas:

— Las corporaciones, asociaciones y fundaciones de interés público reconocidas por la Ley.

— Las asociaciones de interés particular, a las que la Ley conceda personalidad propia.

Con base en este precepto, debemos distinguir entre:

1. Personas jurídicas públicas o privadas.

Las personas jurídicas públicas son aquellas a las que el ordenamiento jurídico les reconoce personalidad jurídica propia y que están encuadradas en la Administración territorial (Estado, CCAA, provincias y municipios), institucional (organismos autónomos y entidades públicas empresariales) o corporativa (cámaras oficiales o colegios profesionales).

Las personas jurídicas privadas son las no insertas en la Administraciones territoriales, institucionales o corporativas que realizan su actividad en el ámbito del Derecho Privado.

2. Las asociaciones y las fundaciones

El derecho de asociación se reconoce en nuestra Constitución Española como un derecho fundamental en el artículo 22 y es objeto de desarrollo mediante la Ley Orgánica 1/2002, de 22 de marzo, reguladora del Derecho de Asociación (en adelante, LDA).

Una asociación es una agrupación de personas para la realización de un fin común (general o particular), sin ánimo de lucro. El artículo 5 LO 1/2002 de Asociaciones, señala que las asociaciones se constituyen mediante acuerdo de tres o más personas físicas o jurídicas legalmente constituidas, que se comprometen a poner en común conocimientos, medios y actividades para conseguir unas finalidades lícitas, comunes, de interés general o particular, y se dotan de los estatutos que rigen el funcionamiento de la asociación.

El acuerdo de constitución debe formalizarse en un documento que recibe el nombre de acta fundacional. Con el otorgamiento del acta, la asociación adquiere su personalidad jurídica y plena capacidad de obrar, sin perjuicio de que se inscriba en el Registro de Asociaciones, a los efectos de publicidad.

Los menores de edad no emancipados pueden, con el consentimiento documental de quienes deben suplir su capacidad, pueden formar parte de una asociación.

Los principales órganos de la asociación son:

— La asamblea general, integrada por todos los asociados de socios, que adopta sus decisiones por mayoría.

— La junta directiva, es el órgano de dirección y gestión de la asociación, representa los intereses de la asociación, de conformidad con lo acordado en la asamblea general.

— El presidente de la asociación, con funciones representativas de la asociación frente a terceros. Se encarga de presidir la junta y la asamblea.

Por su parte, el derecho a constituir fundaciones es un derecho constitucional, previsto en el artículo 34 de la Constitución Española que se desarrolla por la Ley 50/2002, de 26 de diciembre, de Fundaciones (en adelante, LF).

La fundación se constituye por la voluntad del fundador, que puede ser persona física o jurídica, mediante actos *inter vivos* o *mortis causa,* y tiene como potenciales beneficiarios una colectividad de personas.

El fundador debe proporcionar a la fundación bienes suficientes para el cumplimiento de los fines fundacionales, que tienen que ser de interés general y deben estar determinados al constituirse la fundación. El artículo 12 de la LF establece que la dotación puede consistir en dinero, bienes y derechos de cualquier clase, la LF considera suficiente la dotación cuyo valor económico alcance los 30 000 €. Si es inferior a este valor, debe justificarse su suficiencia mediante un programa de actuación y un estudio económico que acredite su viabilidad.

Las fundaciones, a diferencia de las asociaciones, adquieren personalidad jurídica desde la inscripción de la escritura pública de constitución en el Registro de Fundaciones.

El gobierno de la fundación se encomienda a un órgano interno llamado patronato, compuesto por un mínimo de tres miembros: los patronos, que son los administradores y los representantes de la fundación. El cargo de patrono es gratuito, sin perjuicio del derecho a ser reembolsado de los gastos debidamente justificados que les ocasione el ejercicio de su función.

El control de las fundaciones se realiza por el Protectorado, que es un departamento administrativo que tiene encomendada la vigilancia y control externo de la fundación, sea en una comunidad autónoma o a nivel estatal.

3. Personas jurídicas de interés público o general o de interés particular

Las personas jurídicas de interés público son las que persiguen un interés general o social. En cambio, las personas jurídicas de interés particular son aquellas que persiguen un interés individual de sus miembros.

Las asociaciones pueden ser de interés general o particular, mientras que, las fundaciones solo pueden perseguir la realización de fines de interés general.

3. La representación

3.1. Concepto y tipos

La regla general es que las personas ejercitan sus derechos de forma directa y personal. No obstante, es posible que una persona actúe jurídicamente para otra, bien autorizada por la Ley (representación legal) o por la persona en cuyo favor actúa (representación voluntaria).

Los dos tipos de representación se caracterizan porque se produce una actuación en nombre de otro y la producción de unos efectos jurídicos en la persona representada. No obstante, presentan también diferencias.

La representación legal tiene como finalidad permitir la realización de actos en nombre de un menor de edad o de una persona cuya discapacidad le impide o dificulta comprender, valorar o expresar su consentimiento en la toma de decisiones. En contraposición, la representación voluntaria está dirigida a ampliar la posibilidad de actuar de la persona que resulta representada o de servirse de personas más aptas o adecuadas para el asunto de que se trate. Por otro lado, en la representación legal se produce una sustitución de la persona representada por el representante. En cambio, en la representación voluntaria el representado puede proporcionar instrucciones para la realización de su actuación.

La representación legal se produce por los progenitores en representación de sus hijos menores de edad, la representación que efectúan los tutores por menores de edad, la representación del discapacitado por su curador si se trata de una curatela con funciones representativas, etc.

Dentro de la representación voluntaria pueden distinguirse:

— La representación directa, que se realiza cuando el representante anuncia y reconoce desde el inicio que está actuando en nombre y representación de otra persona, que es el representado. En el negocio jurídico que se efectúa, se hace constar expresamente esta circunstancia.

— La representación indirecta, aquella en la que el representante no manifiesta el carácter representativo de la gestión, ni tampoco identifica la persona representada.

  Esta representación indirecta se dará en el supuesto de que el representante, sin previa autorización del representado, realice actos en beneficio de otra persona, con el objetivo de transmitirle estos efectos, siendo necesario un posterior negocio de transmisión de efectos. Pero también se producirá esta representación indirecta cuando el representante siga instrucciones del representado, pero omita en la realización del negocio jurídico que actúa en representación de otros

3.2. El apoderamiento

El negocio que habilita al representante para actuar en nombre y representación de otro recibe el nombre de apoderamiento y se efectúa mediante un poder de representación, que puede ser general, para cualquier asunto, o especial, para un asunto concreto.

El apoderamiento es, pues, una declaración unilateral de voluntad en cuya virtud se concede un poder que legitima a una determinada persona para actuar en nombre y por cuenta de otra.

La persona que concede el poder se llama poderdante o representado y la persona que recibe el poder se denomina apoderado o representante.

Al representado le es exigible la capacidad jurídica general y la especial para el negocio que se quiera efectuar. Sin embargo, el representante únicamente tiene que ostentar la capacidad jurídica general, porque no se van a producir en él los efectos jurídicos del negocio concreto.

El apoderamiento suele ir acompañado de un mandato por el que el mandatario se obliga a realizar una actividad jurídica a favor del mandante siguiendo sus instrucciones y dentro de los límites establecidos en el mandato.

Tema 3. El objeto de la actividad económica

1. Los derechos reales. 1.1. Concepto y caracteres de los derechos reales. Diferencia con los derechos de crédito. 1.2. Tipos de derechos reales, en especial, los derechos reales limitados. 1.2.1. La propiedad. 1.2.2. Los derechos reales limitados de goce. 1.2.3. Los derechos reales de garantía. 1.2.4. Los derechos reales de adquisición. 2. La propiedad. 2.1. Concepto y caracteres. 2.2. Las facultades de dominio: artículo 348 del Código Civil. 2.3. Los modos de adquirir la propiedad. 2.4. La propiedad intelectual como propiedad especial. 3. El Registro de la Propiedad. 3.1. Aspectos generales. 3.2. El procedimiento registral.

1. Los derechos reales

1.1. Concepto y caracteres de los derechos reales. Diferencia con los derechos de crédito

El derecho real es una clase de derecho subjetivo patrimonial caracterizado por constituir una relación directa e inmediata entre su titular y la cosa. Es decir, su titular tiene un poder directo e inmediato sobre la cosa.

Los derechos reales están constituidos, al menos, por una acción real, que permite imponer el poder que corresponde a su titular, a cualquiera que tenga la cosa o que perturbe de algún modo su ejercicio, garantizando así la protección y el ejercicio efectivo de esos derechos.

Los caracteres de los derechos reales son:

— La inherencia de los derechos reales a la cosa sobre la que recaen. El titular de un derecho real puede obtener la utilidad o el provecho que le reconoce su derecho, sin necesidad de que intervenga o coopere otra persona.

— La exclusividad o la absolutidad, el titular del derecho puede impedir cualquier tipo de influencia sobre la cosa que perturbe o perjudique su derecho. Es decir, su derecho es oponible *erga omnes*.

Los derechos reales son distintos de los derechos de crédito. Entre sus diferencias podemos destacar las siguientes:

— El derecho real produce una vinculación directa entre el titular y la cosa; se trata de un derecho sobre la cosa. En contraposición, el derecho de crédito se fundamenta en la relación entre dos sujetos, acreedor y deudor. Es un derecho a exigir una prestación personal. La obligación consiste, dice el art. 1088 CC, en dar, hacer o no hacer alguna cosa.

— El derecho real es un derecho absoluto, porque tiene eficacia *erga omnes,* mientras que el derecho de crédito es relativo porque únicamente puede exigirse a quien ostente la condición de deudor. En conexión con esta idea, el propietario o el titular de derechos reales disponen de acciones contra cualquiera que no respete o perturbe su derecho. En cambio, los derechos de crédito únicamente se pueden exigir respecto del obligado.

— El derecho real se consolida con su ejercicio. En cambio, el derecho de crédito se extingue con su ejercicio, es decir, con el cumplimiento de la obligación asumida

1.2.   Tipos de derechos reales, en especial, los derechos reales limitados

1.2.1. La propiedad

La propiedad es el derecho real por excelencia. Este derecho permite a su titular extraer la más amplia utilidad económica de su objeto. Es definido por el artículo 348 del Código Civil como el derecho de gozar y disponer de una cosa o de un animal, sin más limitaciones que las establecidas por las leyes.

1.2.2. Los derechos reales limitados de goce

Estos derechos representan un disfrute total o parcial de la cosa, permitiendo la obtención de utilidades o rendimientos. Con frecuencia, se acompaña de la posesión de la cosa.

Entre los derechos reales limitados de goce, encontramos los siguientes:

El usufructo es un derecho real que tiene su titular sobre una cosa que pertenece a otro. El titular de este derecho recibe el nombre de usufructuario y el titular del derecho de propiedad sobre el que recae el usufructo es conocido como nudo propietario.

El derecho de usufructo permite a su titular disfrutar de bienes ajenos con la obligación de conservar su forma y su sustancia, a no ser que el título de su constitución o la ley autoricen otra cosa (artículo 467 del Código Civil) durante un tiempo determinado. Cuando se extingue el usufructo, el nudo propietario recupera el pleno dominio de la cosa.

El derecho de usufructo otorga facultades de uso y disfrute de la cosa. Su obligación principal consiste en conservar la forma y la sustancia de la cosa, esto es, no puede transformar, deteriorar o destruir la cosa, pues debe devolverla al nudo propietario al extinguirse el derecho.

La servidumbre es también un derecho real de goce, cuyo contenido es un gravamen impuesto sobre un inmueble que recibe el nombre de predio sirviente en beneficio de otro, denominado predio dominante, pertenecientes a distinto dueño.

El derecho real de superficie atribuye a su titular la facultad de edificar en una finca ajena, disfrutando de lo edificado hasta que llegue el momento de restituir el suelo con lo plantado o edificado.

El titular de este derecho, que recibe el nombre de superficiario, adquiere una especie de propiedad temporal de lo edificado, incluido el suelo, hasta que se extinga el derecho y se produzca la reversión al dueño. El derecho de superficie convenido entre particulares puede tener una duración de 99 años.

1.2.3. Los derechos reales de garantía

Estos derechos reales aseguran a su titular frente al eventual incumplimiento de la obligación asegurada, porque reconocen al titular un poder jurídico sobre la cosa. En la prenda y la hipoteca, es el de exigir la realización de su valor en venta. En el de la anticresis, el percibir los frutos del inmueble gravado.

En los derechos reales de garantía se encuentra prohibido el denominado pacto comisorio (artículo 159 del Código Civil), esto es, el acreedor no puede apropiarse de las cosas dadas en prenda o hipoteca, ni disponer de ellas. El motivo es que el poder del titular de la garantía recae sobre el valor de la cosa, no sobre la cosa en sí misma considerada.

Estos derechos de garantía producen una responsabilidad real del bien, que es preferente en una posible ejecución, pero que no elimina la responsabilidad personal del deudor. De modo que si el acreedor no obtiene el cobro entero, podrá accionar también contra el patrimonio del deudor, mediante una acción personal.

Hay tres clases de derechos de garantía en nuestro Derecho: la prenda, la hipoteca y la anticresis, cuya aplicación es escasa.

La prenda y la hipoteca se diferencian por los bienes sobre los que recaen, la prenda sobre bienes muebles y la hipoteca sobre bienes inmuebles. Por otro lado, el derecho real de prenda va acompañado de un desplazamiento de la posesión de la cosa del deudor al acreedor. En cambio, en la hipoteca no hay desplazamiento de la posesión y el deudor conserva en su poder el inmueble dado en garantía.

La prenda está regulada en los artículos 1863 a 1873 del Código Civil. Este derecho real se caracteriza porque, como se ha indicado, recae siempre sobre bienes muebles que sean susceptibles de posesión (artículo 1864 del Código Civil) y, por otro lado, porque se exige que se produzca un desplazamiento posesorio de la cosa pignorada para evitar que el deudor pueda deteriorarla, disminuyendo, así, su valor, o venderla a un tercer adquirente de buena fe.

La prenda supone, por tanto, la entrega de la posesión de una cosa mueble al acreedor para garantizar el cumplimiento de una obligación, hasta que se complete el pago de la obligación garantizada. La prenda faculta a su titular a obtener, mediante la venta del bien empeñado, la realización del valor de dicho bien, para destinar el dinero obtenido al pago de la obligación garantizada.

La hipoteca es un derecho real que sujeta directa e inmediatamente los bienes sobre los que se impone, cualquiera que sea su poseedor, al cumplimiento de la obligación para la que fue constituida.

Se trata de un derecho de constitución registral, porque para su válida constitución es necesaria, la inscripción de la escritura pública en el Registro de la Propiedad (artículo 1875 del Código Civil).

En el derecho real de hipoteca distinguimos, por un lado, al hipotecante (deudor o no deudor), que es el propietario de la finca gravada o hipotecada, que puede ser, al mismo tiempo, sujeto pasivo de la relación jurídica obligacional garantizada. Por otro lado, se encuentra el acreedor hipotecario, que es el acreedor de la relación jurídica obligacional y el titular del derecho real de hipoteca.

Pueden ser objeto del derecho real de hipoteca los bienes inmuebles que puedan inscribirse en el Registro de la Propiedad, pero también los derechos reales sobre bienes inmuebles y las concesiones administrativas.

La hipoteca, al tratarse de un derecho accesorio del crédito, se extingue cuando lo hace el crédito. Sin embargo, como se trata de un derecho de constitución registral, la hipoteca no se extingue automáticamente, sino que es necesaria la cancelación de la correspondiente inscripción efectuada en el Registro de la Propiedad.

En el supuesto de incumplimiento de la obligación asegurada, la hipoteca se ejecuta mediante la enajenación forzosa del bien hipotecado, lo que permite cobrar al acreedor hipotecario con el precio obtenido.

La *anticresis* se encuentra regulada en los artículos 1881 a 1886 del Código Civil. Este derecho real faculta a su titular a percibir los frutos de un inmueble de su deudor, con la obligación de aplicarlos al pago de los intereses, si se debieren, y después al del capital de su crédito.

La anticresis recae sobre bienes inmuebles que produzcan frutos. Es frecuente que el acreedor anticrético ostente la posesión del inmueble, pero se admite pacto en contrario e incluso por la voluntad unilateral del acreedor, de modo que el deudor esté en posesión del inmueble. El constituyente ha de ser propietario del inmueble y tener su libre disposición.

1.2.4. Los derechos reales de adquisición

Estos derechos atribuyen a su titular la posibilidad de adquirir con preferencia a otra persona un bien cuando el propietario decida enajenarlo, incluso aunque la misma se encuentre ya en posesión de un tercero.

El derecho de opción de compra se pacta en un contrato, y confiere a su titular, el optante, el derecho a adquirir la cosa durante un determinado plazo por el precio fijado en el contrato. Salvo que se constituya con carácter personalísimo, es un derecho transmisible por cualquier título.

Los derechos de tanteo y retracto pueden ser legales o convencionales. El derecho de tanteo atribuye a su titular el derecho a adquirir una cosa cuando va a ser vendida. El titular del derecho de tanteo se coloca en la posición del comprador, pagando el precio que, potencialmente, iba a pagar este tercero y en las mismas condiciones.

Por su parte, el derecho de retracto permite a su titular adquirir un bien cuando ha sido ya enajenado a otro. Es decir, se produce cuando el derecho de adquisición se ejercita después de la transmisión del propietario a un tercero.

2.   La propiedad

2.1. Concepto y caracteres

El artículo 33 de la CE reconoce a los ciudadanos el derecho a la propiedad privada. Esto permite excluir, *a priori,* cualquier tipo de injerencia sobre lo que nos pertenece. Sin embargo, el apartado segundo del artículo 33 de la CE reconoce que la función social de este derecho delimitará su contenido, de acuerdo con las leyes. Por su parte, el apartado tercero prevé la posibilidad de que los ciudadanos puedan ser privados de sus bienes y derechos por causa justificada de utilidad pública o interés social, mediante la correspondiente indemnización y de conformidad con lo dispuesto por las leyes.

Nuestro Código Civil define el derecho de propiedad como el derecho de gozar y disponer de una cosa, sin más limitaciones que las establecidas en las leyes (artículo 348 del Código Civil). El derecho de propiedad es el derecho subjetivo que permite a su titular extraer la más amplia utilidad económica de su objeto, y real, porque puede hacerse valer frente a todos.

Es un derecho real pleno, porque confiere las más amplias facultades al propietario, el disfrute de la cosa y su disposición. Se considera también un derecho elástico porque puede comprimir y expandir su contenido, según se limiten sus facultades por la determinación de un derecho real limitado o se recuperen cuando este se extinga.

El objeto del derecho de propiedad son las cosas apropiables, corporales, muebles o inmuebles, específicamente determinadas. No existe inconveniente en reconocer que pueden ser objeto de derecho de propiedad las cosas incorporales o los bienes inmateriales.

2.2. Las facultades de dominio: artículo 348 del Código Civil

El artículo 348 CC establece como contenido del dominio tres facultades: gozar, disponer y reivindicar.

La facultad de goce comprende las posibilidades de obtener de la cosa objeto de dominio todos los aprovechamientos y todas las utilidades de que sea susceptible, salvo su disposición. Incluye la posibilidad de poseerla material o directamente, es decir, la facultad de uso de la cosa, pero también la de apropiarse de sus frutos y rendimientos económicos.

La facultad de goce se identifica con la posibilidad de decidir el destino económico de la cosa, y es presupuesto necesario para el ejercicio de las acciones reales y de otras facultades del propietario.

La facultad de disposición es la que permite la obtención del valor total o parcial en cambio de la cosa, según se disponga del derecho de propiedad o de alguna de sus facultades, es decir, según se transmita el derecho o se constituya un gravamen sobre la cosa objeto del dominio.

El propietario está facultado para dejar de serlo, porque decide transmitir o enajenar el bien, pero también puede optar por gravar la cosa objeto de dominio.

La facultad de vindicación se reconoce en el apartado segundo del artículo 348 del Código Civil, cuando afirma que el propietario tiene acción contra el tenedor y el poseedor de la cosa o del animal para reivindicarlo. De modo que la propiedad privada no se puede entender sin la facultad de reivindicar contra el tenedor o el poseedor.

La acción reivindicatoria es la acción de que dispone el propietario no poseedor contra el poseedor no propietario sin título bastante para poseer o para mantenerse en la posesión contra el propietario. La acción reivindicatoria es una acción real y restitutoria, porque se solicita que se condene al poseedor o tenedor de la cosa a su entrega o devolución.

2.3. Los modos de adquirir la propiedad

Los modos de adquirir la propiedad y los demás derechos reales se califican, tradicionalmente, entre modos originarios y modos derivativos, al amparo del contenido del artículo 609 del Código Civil.

En los modos originarios, el derecho real se adquiere con independencia de cualquier titularidad anterior. Son modos originarios la ocupación que permite la adquisición del dominio de bienes muebles que no tienen dueño, y la prescripción adquisitiva o usucapión que permite adquirir el derecho real mediante la posesión continuada del bien o derecho, ante la pasividad de su titular, y siempre que se cumplan los requisitos legalmente establecidos.

En los modos derivativos, existe un derecho precedente que tenía otro sujeto que lo transmite con los límites y extensión del suyo propio. Son modos derivativos la donación, la sucesión *mortis causa* y la tradición.

La donación es considerada un negocio traslativo de dominio que requiere poder de disposición del donante.

La sucesión *mortis causa,* testada o intestada, permite a una persona por razón de su muerte transmitir a sus sucesores todo tipo de derechos, tanto reales como de crédito.

La tradición es el modo derivativo más significativo. Nuestro sistema transmisivo español está basado en la teoría del título y del modo. Según esta teoría, es necesario que concurran dos elementos para que se perfeccione la adquisición, y consiguiente transmisión, del derecho real.

Por un lado, el título, que será el contrato que sirva para transmitir el dominio o derecho real de que se trate. Por otro, el modo o entrega de la cosa, conocida como *traditio,* que puede ser mediante la entrega material de la cosa, con el otorgamiento de escritura pública y, si se trata de un bien mueble, por alguna de las formas descritas en el artículo 1463 del Código Civil.

2.4. La propiedad intelectual como propiedad especial

El artículo 20.1 b) de la CE reconoce y protege el derecho a la producción y creación literaria, artística, científica y técnica. Por su parte, dentro de las propiedades especiales, los artículos 428 y 429 del Código Civil reconocen la propiedad intelectual.

Nuestro ordenamiento jurídico configura el conjunto de derechos que se reconocen al autor como un derecho de propiedad, que es especial, porque su objeto es un bien inmaterial y porque se trata de un derecho de carácter temporal. Su principal fuente es el Real Decreto Legislativo 1/1996, de 12 de abril, por el que se aprueba el Texto Refundido de la Ley de Propiedad Intelectual (en adelante, TRLPI).

Al dotar al conjunto de derechos reconocidos al autor de la condición de propiedad, el legislador desea enfatizar que se reconoce al autor el poder más fuerte atribuido por el Derecho. En este sentido, el artículo 428 del Código Civil dispone que el autor de una obra literaria, científica o artística tiene el derecho de explotarla y disponer de ella a su voluntad.

Sobre esta base, la propiedad intelectual puede ser definida como el conjunto de derechos y facultades que el ordenamiento atribuye a una persona sobre determinadas obras de su ingenio. Incluyendo la facultad de obtener su máximo rendimiento económico e impedir que terceros lo hagan sin su consentimiento.

El nacimiento del derecho de autor solo es posible si existe una obra de ingenio y un autor. El TRLPI considera objeto de protección las creaciones intelectuales, entendidas como una plasmación de un arquetipo intelectual en el que la idea se articula en una forma concreta y original, que debe ser exteriorizada.

Por su parte, se considera autor, a los efectos de esta ley, a la persona natural que crea una obra literaria, artística o científica (artículo 1 del TRLPI). Además, la norma prevé especificidades cuando concurren diferentes autores, según se trata de una obra en colaboración, una obra colectiva o una obra compuesta.

El derecho de autor se caracteriza por la distinta naturaleza de las facultades que lo integran. De un lado, las facultades morales que participan de los derechos de la personalidad, de otro, las facultades económicas (artículo 2 del TRLPI).

Las facultades morales son irrenunciables e inalienables, de modo que el autor ni puede renunciar a ellas ni puede transmitirlas *inter vivos*. Son facultades morales, entre otras, decidir si su obra ha de ser divulgada y en qué forma, determinar si tal divulgación ha de hacerse con su nombre, bajo seudónimo o signo, o anónimamente, y exigir el reconocimiento de su condición de autor de la obra.

Entre las facultades económicas, podemos diferenciar dos tipos de facultades: los derechos de explotación y los derechos de simple remuneración. Los primeros son los que permiten la explotación económica de la obra con exclusión de los demás. Los de simple remuneración son derechos de crédito que otorgan a los autores una remuneración económica equitativa que fija la ley como consecuencia de determinadas utilizaciones lucrativas.

A diferencia de lo que sucede en la propiedad ordinaria, el derecho de autor está limitado temporalmente. La limitación temporal a la que se somete se refiere en realidad a los derechos patrimoniales. La regla general es que los derechos de autor duran toda la vida del autor y setenta años después de su muerte o declaración de fallecimiento.

3. El Registro de la Propiedad

3.1. Aspectos generales

El Registro de la Propiedad es el organismo público que tiene encomendada la publicidad del dominio y de los demás derechos reales sobre bienes inmuebles, a través de la constancia en sus libros de los actos de constitución, modificación, transmisión o extinción de dichos derechos.

El Registro de la Propiedad tiene por objeto la inscripción o anotación de los actos y contratos relativos al dominio y demás derechos reales sobre bienes inmuebles. La inscripción de los derechos en el Registro de la Propiedad es, como regla general, declarativa y voluntaria, salvo los derechos reales de hipoteca y de superficie, que requieren de la inscripción en este Registro para que nazcan como derechos.

Este Registro es un instrumento de publicidad, porque facilita información a todo aquel que está interesado en conocer la situación jurídica de un inmueble. De esta forma, es un medio de prueba de la situación de la finca y, si se dan ciertas condiciones, garantiza los contratos que se celebran en vista del contenido del Registro.

En este Registro únicamente se inscriben documentos públicos (notariales, judiciales o administrativos). No se inscriben documentos privados. Además, aunque al Registro de la Propiedad los que tienen acceso son los títulos de adquisición, lo que se publica son los derechos. En ningún caso serán objeto de inscripción los derechos de crédito. A modo ejemplificativo, si Juan lleva al Registro de la Propiedad una escritura notarial de compraventa de un bien inmueble (documento público inscribible), el Registrador de la Propiedad inscribe qué ha comprado, pero lo que el Registro publica es que Juan es propietario.

El Registro de la Propiedad responde al sistema de folio real. Es decir, cada finca abre un folio distinto en el Registro y, a continuación, se hacen constar en él los diversos actos de los que resulta la constitución, transmisión, modificación o extinción de los diferentes derechos reales. La incorporación de una finca al Registro de la Propiedad se realiza mediante la inmatriculación, que se produce mediante la inscripción de un título inscribible, que tiene que ser de dominio y supone la apertura de un nuevo folio. En este folio se describe la finca y se establece quién es el primer propietario; tras la primera inscripción se efectúan todas las posteriores.

3.2. El procedimiento registral

El procedimiento registral comienza con la presentación del documento en el Registro de la Propiedad y concluye con una resolución del Registrador, autorizando o rechazando el asiento que ha sido objeto de solicitud.

El proceso se inicia con la presentación del documento público en el Registro de la Propiedad. Esta presentación se hace constar en un libro denominado Diario, que actualmente se encuentra informatizado. Se hace constar la fecha y hora exactas, diversos datos sucintos de la finca, el derecho y el titular. De esta forma, se practica el asiento de presentación, en el que resultan esenciales, la fecha y hora, porque en caso de dos solicitudes de inscripción de derechos sobre una misma finca, se atenderá a la que primero haya sido efectuada en el tiempo.

Presentado el título el Registrador enjuicia si reúne o no las condiciones para pasar al folio registral, lo que recibe el nombre de calificación. Con esta fase se pretende evitar la inscripción de actos nulos. Entre las condiciones que son objeto de valoración están que el contrato o el acto se refieran a un derecho real, que su contenido sea legal y que la nueva titularidad enlace con la que ya consta en el Registro de la Propiedad.

Una vez realizada la calificación del documento, si esta es favorable, el Registrador practica el asiento solicitado, de modo que la inscripción es el acto final del procedimiento. Por el contrario, si es negativa, debe manifestar la falta al solicitante, expresando si puede corregirse o no. Es decir, si es o no subsanable. Ante la calificación negativa se puede requerir una nueva calificación de un registrador sustituto y si también fuera negativa, el solicitante puede optar por recurrir contra la calificación del Registrador directamente ante el Juzgado de Primera Instancia o ante la Dirección General de Seguridad Jurídica y Fe Pública, cuyas resoluciones son recurribles ante la jurisdicción civil.

Tema 4. Aspectos generales de las obligaciones y los contratos

1. La relación obligatoria y sus elementos. 1.1. Concepto. 1.2. Los sujetos de la obligación: acreedor y deudor. La pluralidad de sujetos. 1.3. Las fuentes de las obligaciones. 1.4. La prestación: requisitos. 1.5. Los tipos de obligaciones. En especial, las obligaciones dinerarias. 1.6. El cumplimiento de la obligación. 1.6.1. El pago o cumplimiento de la obligación. 1.6.2. La dación en pago y la cesión de bienes para el pago. 1.6.3. Remedios frente al incumplimiento de la obligación. 2. El contrato. 2.1. Concepto. 2.2. Los elementos esenciales del contrato. 2.3. Clases de contratos. 2.4. La nulidad y anulabilidad del contrato. 2.5. La contratación automatizada, la contratación electrónica y los *smart contracts*.

1. La relación obligatoria y sus elementos

1.1. Concepto

El artículo 1088 del Código Civil determina que toda obligación consiste en dar, hacer o no hacer alguna cosa.

La obligación puede definirse como un vínculo jurídico por el que un sujeto, denominado deudor, debe observar una determinada conducta, llamada prestación, que consiste en dar, hacer o no hacer alguna cosa en favor de otro sujeto, que es el acreedor, el cual se la puede exigir. De este modo, en virtud de una obligación, el acreedor tiene derecho a exigir una prestación que puede consistir en dar, hacer o no hacer alguna cosa y que, aunque no tenga contenido económico, ha de satisfacer un interés legítimo del acreedor económicamente valorable.

1.2. Los sujetos de la obligación: acreedor y deudor. La pluralidad de sujetos

La relación obligatoria es una relación entre al menos dos sujetos de derecho, uno de los cuales se coloca en una posición de deber y otro en una posición de poder. Cada una de estas posiciones se denomina parte, de manera que en la relación obligatoria siempre hay dos partes: la activa o acreedora y la pasiva o deudora.

El acreedor o sujeto activo tiene derecho a exigir una conducta y el deudor o sujeto pasivo tiene que observar la conducta prevista en la obligación. En los contratos, ambas partes ostentan simultáneamente la condición de acreedora y deudora.

A modo ilustrativo, en un contrato de compraventa existen dos obligaciones, la obligación de entrega de la cosa y la obligación de pagar el precio. En la primera de las obligaciones, el comprador ostenta la condición de acreedor o de sujeto activo y el vendedor la de deudor o sujeto pasivo. En contraposición, respecto de la obligación de pagar el precio, el vendedor será el acreedor o sujeto activo y el comprador el deudor o sujeto pasivo.

Puede suceder que en una obligación ostente la condición de acreedor o de deudor más de un sujeto. Para estos casos de pluralidad de sujetos, el Código Civil distingue entre dos tipos de obligaciones, al amparo de su artículo 1137: las obligaciones solidarias y las obligaciones mancomunadas.

La solidaridad supone que, habiendo varios acreedores o varios deudores, cada uno de ellos tendrá derecho a pedir o cada uno de estos deberá prestar íntegramente las cosas objeto de la obligación. Así, cuando concurren varios acreedores, cualquiera de ellos puede exigir al deudor la integridad de lo debido. En cambio, si existe pluralidad de deudores, cada uno de ellos se encuentra obligado por el todo. Es decir, el acreedor puede exigir el cumplimiento de la obligación a cualquiera de ellos. En ese caso, el deudor que abone la totalidad de la deuda tiene derecho a reclamar a los demás su parte, es lo que se conoce como derecho de repetición.

Por su parte, si la obligación se articula como mancomunada el acreedor solo puede reclamar el cumplimiento de su parte de la prestación a cada uno de los deudores. El artículo 1138 del Código Civil dispone que el crédito o la deuda se presumirá dividido en tantas partes como acreedores o deudores haya, reputándose créditos o deudas distintos.

De conformidad con lo dispuesto en el artículo 1137 del Código Civil, se presume la mancomunidad y la solidaridad hay que pactarla expresamente.

1.3. Las fuentes de las obligaciones

Las fuentes de las obligaciones son aquellos hechos en virtud de los cuales las obligaciones se originan y nacen creando un vínculo entre deudor y acreedor. El artículo 1089 CC establece una enumeración de los hechos que son fuentes de las obligaciones. Según este precepto, las obligaciones nacen de la ley, de los contratos y cuasicontratos, y de los actos y omisiones ilícitos o en que intervenga cualquier género de culpa o negligencia.

Al respecto, se pueden hacer una serie de consideraciones:

— Las obligaciones nacidas por la Ley no se presumen y solo son exigibles las expresamente determinadas en el Código Civil o en leyes especiales (artículo 1090 del Código Civil).

— El contrato es la fuente más frecuente de determinación de las obligaciones voluntarias, pero no la única. Entendemos por contrato, el acuerdo de voluntades de dos o más sujetos, de contenido patrimonial.

— Los cuasicontratos son los hechos lícitos y puramente voluntarios, de los que resulta obligado su autor para con un tercero (artículo 1887 del Código Civil). El Código Civil reconoce como cuasicontratos la gestión de los negocios ajenos y el cobro de lo indebido.

— Dentro de los actos y omisiones ilícitos en los que intervenga cualquier género de culpa o de negligencia, encontramos dos supuestos. Por un lado, las obligaciones nacidas de los delitos, que generan la obligación de indemnizar los daños causados (artículos 109 y ss. del Código Penal) y, por otro, las obligaciones que nacen de la culpa o negligencia derivadas de las acciones u omisiones dañosas, no tipificadas como delitos (artículos 1902 y ss. del Código Civil).

1.4. La prestación. requisitos

El objeto de la obligación es una determinada conducta o comportamiento que el deudor está sujeto a observar: la conducta debida. Esta conducta debida por el deudor es, en sentido estricto, la prestación.

La prestación debe ser posible, no pueden ser objeto de contratos las cosas o servicios imposibles (artículo 1272 del Código Civil), lícita (artículo 1271 del Código Civil) y determinada o determinable, de modo que no es necesario que se concrete de un modo exacto, siendo suficiente con que se establezca un modo de determinación ulterior (artículo 1273 del Código Civil). En el caso de que no se cumpla alguno de estos tres requisitos, se produce la nulidad de la obligación.

1.5. Los tipos de obligaciones. En especial, las obligaciones dinerarias

Las obligaciones pueden calificarse según distintos criterios, pudiendo responder una misma obligación a distintas categorías.

— Obligaciones positivas o negativas. Según la clase de prestación que el deudor está obligado a cumplir, realización de una actividad o una abstención, las obligaciones pueden clasificarse como positivas y negativas.

Son obligaciones positivas las que requieren una actuación activa del sujeto, obligaciones de dar y de hacer. En cambio, son negativas las que consisten en una conducta de abstención, no dar o no hacer.

— Obligaciones genéricas u obligaciones específicas. Son obligaciones genéricas aquellas en que se hace referencia al género que pertenece, pero solo se determina el número, peso o medida debidos. Por el contrario, son obligaciones específicas aquellas en que la cosa objeto de la prestación se encuentra individualmente determinada, de modo que la obligación ha de cumplirse por el deudor entregando precisamente esa misma cosa.

— Obligaciones cumulativas o alternativas. Son obligaciones cumulativas cuando el deudor debe realizar varias prestaciones para entender cumplida la obligación. Por el contrario, en las alternativas el deudor solo tiene que cumplir una de ellas.

— Obligaciones de tracto único o de tracto sucesivo. Se consideran de tracto único las obligaciones del deudor que se cumplen en un solo acto. Por el contrario, son obligaciones de tracto sucesivo las que desarrolla el deudor de forma periódica.

— Obligaciones principales y obligaciones accesorias. Son obligaciones principales las que tienen existencia propia e independiente de otras. Son, en cambio, obligaciones accesorias las que se encuentran ligadas a otra principal.

— Obligaciones condicionales. Son las obligaciones en las que su eficacia queda sujeta a la producción de un acontecimiento futuro e incierto.

— Obligaciones a término. Son aquellas en la que se fija un plazo determinado para su cumplimiento. En estas obligaciones, puede fijarse un término inicial, desde el cual la obligación puede empezar a exigirse, y/o un término final que determina hasta qué momento debe cumplirse la obligación. También puede pactarse un término esencial, de modo que, si la obligación no se cumple en el tiempo pactado, la obligación pierde sentido y puede resolverse el contrato.

A continuación, por su importancia debemos hacer referencia a las obligaciones dinerarias o pecuniarias. La prestación de esta obligación es la entrega de una cantidad de dinero. Se trata de una obligación genérica, cuyo cumplimiento se realiza mediante la entrega de la cantidad adeudada en dinero de curso legal en España.

La obligación dineraria va acompañada del riesgo que supone para el acreedor la pérdida del valor adquisitivo del dinero. Al respecto, son posibles dos soluciones. La primera, entender que el deudor se libera entregando el valor nominal de lo debido (principio nominalista). La otra opción es considerar que se libera con la entrega del valor efectivo o real de la cantidad adeudada (principio valorista). En nuestro Derecho rige el principio nominalista, el deudor cumple entregando el valor nominal de lo pactado, cualquiera que sea su valor real en el momento del cumplimiento. Es decir, la variación del poder adquisitivo se encuentra dentro del riesgo que asume el acreedor.

En las obligaciones dinerarias es habitual que se produzca la concurrencia de los denominados intereses. Estos intereses pueden:

— Según su finalidad: moratorios, cuando se dirigen a resarcir el retraso en el cumplimiento de la obligación dineraria, o retributivos, cuando se pactan como precio o contraprestación por la utilización y disfrute de un capital ajeno.

— Según su fuente: intereses legales, cuando su imposición procede de la Ley, o convencionales, que son aquellos que se derivan de un pacto entre las partes. Estos segundos tienen como límite las previsiones contenidas en la Ley de Usura.

El artículo 1108 del Código Civil dispone que, si la obligación consiste en el pago de una cantidad de dinero y el deudor incurre en mora, la indemnización de daños y perjuicio consistirá en el pago del interés legal. Son pues, según la anterior clasificación, intereses moratorios y legales.

La prestación de intereses se rige por las siguientes reglas:

— Salvo pacto en contrario, el pago de los intereses se hace antes que el pago del principal (artículo 1173 del Código Civil).

— Desde la reclamación judicial, los intereses vencidos y no pagados devengan el interés legal (artículo 1109 del Código Civil).

— El recibo del capital por el acreedor, sin reserva alguna sobre los intereses, exime al deudor de su pago (artículo 1110 del Código Civil).

— La acción para exigir el pago de los intereses prescribe a los cinco años (artículo 1966.3 del Código Civil).

1.6. El cumplimiento de la obligación

El artículo 1156 del Código Civil enumera las causas de extinción de las obligaciones. Según este precepto, se extinguen: a) Por el pago o cumplimiento. b) Por la pérdida de la cosa debida. c) Por la condonación de la deuda. d) Por la confusión de los derechos de acreedor y deudor. e) Por la compensación. f) Por la novación.

1.6.1. El pago o cumplimiento de la obligación

La primera causa de extinción de las obligaciones es el pago o cumplimiento de la obligación. Se entiende por pago o cumplimiento la exacta e íntegra ejecución de la prestación debida. Para valorar el cumplimiento de la obligación se deben tomar en consideración diversos parámetros: la conducta del deudor; el sujeto que realiza el pago y el que lo recibe; el tiempo del pago o cumplimiento o la identidad de la prestación.

Lo frecuente es que reciba el pago el acreedor y quien lo realice ostente la condición de deudor de la obligación. Pero hay situaciones en las que quien recibe el pago no es el acreedor, ni quien lo realiza el deudor.

La persona que recibe el pago debe estar legitimada y tener capacidad para recibirlo. Principalmente, será el acreedor. No obstante, también están legitimados para recibir el pago el representante del acreedor o cualquier persona autorizada o habilitada por este para recibirlo. El pago realizado a un tercero es válido, si tiene utilidad para el acreedor. En el supuesto de que el pago se realice a un acreedor aparente y el deudor actúe de buena fe, tendrá efectos liberatorios para el deudor.

En resumen, el pago hecho a persona distinta del acreedor será ineficaz y no liberatorio cuando el pago hecho a tercero no resulte útil al acreedor o cuando el pago al tercero no sea de buena fe.

La persona obligada a realizar el pago es el deudor, pero los artículos 1158 y 1159 del Código Civil regulan también el conocido como pago por tercero, que protege el interés objetivo del acreedor, pero también el del tráfico.

1.6.2. La dación en pago y la cesión de bienes para el pago

El deudor puede liberarse de su obligación realizando una prestación distinta a la originaria. Se trata de modalidades de pago o formas especiales de cumplimiento que se utilizan mucho en épocas de crisis, pues tienen como presupuesto que el deudor no pueda pagar y tienden a evitar la ejecución o el embargo de su patrimonio.

La dación en pago se produce cuando se extingue la obligación mediante la entrega de una cosa distinta de la inicialmente adeudada. El único requisito es que el acreedor acepte, a título de pago, la entrega de bienes distintos a los pactados, por lo demás, es perfectamente posible, lícita y muy frecuente en la práctica.

En la cesión de bienes para el pago, de conformidad con el artículo 1175 del Código Civil, el deudor transmite al acreedor, o acreedores, la posesión y administración de sus bienes (o parte de ellos), para que los vendan y utilicen el precio obtenido para el pago de sus créditos. Por ello, la cesión no comporta de forma automática la extinción de la obligación, como en el caso de la dación en pago, pues el deudor no transmite la propiedad de los bienes a los acreedores, sino que los apodera (generalmente de forma irrevocable) para que puedan vender sus bienes y convertirlos en dinero.

Una vez vendidos puede ocurrir que obtengan por ellos una cantidad de dinero menor que la debida, en ese caso, la obligación solo se extingue por el importe obtenido por la venta y el deudor sigue debiendo el resto, salvo que se haya pactado lo contrario.

1.6.3. Remedios frente al incumplimiento de la obligación

El incumplimiento de la obligación se produce cuando la prestación debida no se realiza por el deudor en los términos, modo y plazo en los que se había establecido. Desde esta perspectiva, es incumplimiento tanto el incumplimiento propiamente dicho, cuando el deudor no realiza en absoluto la prestación, como el cumplimiento defectuoso o el cumplimiento tardío, siendo irrelevantes las causas o motivos del deudor, salvo que obedezcan a una situación de caso fortuito o fuerza mayor.

El Código Civil otorga al acreedor una serie de medidas tendentes a defender sus intereses:

a) Cuando el deudor incumple la obligación, el acreedor puede exigirle que cumpla con su prestación, a través de la conocida como acción de cumplimiento. Este cumplimiento puede exigirse en forma específica, conforme a los artículos 1096 y ss. del Código Civil o, subsidiariamente, por equivalente, cuando el cumplimiento forzoso no fuera realizable o no resultara idóneo para satisfacer el interés del acreedor.

b) Si el incumplimiento genera al acreedor unos daños, el acreedor tiene una acción de resarcimiento, dirigida a indemnizar los daños y perjuicios que le ha generado el incumplimiento, al amparo del artículo 1101 del Código Civil. Esta acción de resarcimiento es compatible con la acción de cumplimiento en forma específica o por equivalente. Es necesario demostrar que el incumplimiento de la obligación ha generado un daño.

c) En el caso de que se trate de una obligación sinalagmática, en la que las partes se encuentran vinculadas recíprocamente con prestaciones correlativas, el Código Civil establece unas reglas específicas previstas en el artículo 1124 del Código Civil. Cada uno de los deudores puede negarse a realizar su prestación mientras el otro no realice la suya, o extinguir la obligación, mediante la resolución por incumplimiento. Pudiendo, además, si existen daños, reclamar su resarcimiento.

1.7. La protección del crédito

El derecho de crédito atribuye a su titular, el poder de exigir del deudor una determinada conducta. Con tal fin, el ordenamiento jurídico establece una serie de medidas tendentes a proteger los créditos con carácter general y, también otras, destinadas a evitar que se perjudique el derecho de crédito por la realización de comportamientos del deudor en contra de los intereses de sus acreedores.

1.7.1. La responsabilidad patrimonial del deudor

El artículo 1911 del Código Civil establece que del cumplimiento de las obligaciones responde el deudor con todos sus bienes presentes y futuros, lo que se conoce como responsabilidad patrimonial universal.

A la responsabilidad patrimonial universal se le atribuye una doble función, respecto al acreedor actúa como garantía, y respecto al deudor como potenciadora del cumplimiento voluntario.

Esta declaración supone que el acreedor puede dirigir la ejecución no solo contra los bienes que constituían el patrimonio del deudor en el momento en el que contrajo la obligación, sino también contra los que hayan pasado a formar parte del patrimonio con posterioridad. No obstante, pueden excluirse determinados bienes que, por disposición legal, por ejemplo, tienen la consideración de inembargables (retribuciones hasta la cuantía del salario mínimo interprofesional, utensilios de trabajo, etc.).

1.7.2. Otras medidas destinadas a evitar que se perjudique el crédito

El Código Civil contiene también una serie de medidas destinadas a la protección contra el fraude, entre las que destacan la acción subrogatoria y la acción revocatoria, reguladas conjuntamente en el artículo 1111 CC, cuya finalidad última es conservar la solvencia del deudor.

La acción subrogatoria es aquella que dispone el acreedor para poder ejercitar los derechos y acciones de su deudor ante la inercia de este que, con su inactividad, impide el ingreso en su patrimonio de bienes que le son debidos. El artículo 1111 del Código Civil dispone que los acreedores, después de haber perseguido los bienes de que esté en posesión el deudor para realizar cuanto se les debe, pueden ejercitar todos los derechos y acciones de este con el mismo fin, exceptuando los que sean inherentes a su persona.

La acción subrogatoria es una acción subsidiaria, pues sólo se puede ejercitar después de haber perseguido los bienes de que esté en posesión el deudor para realizar cuanto se les debe. Es decir, únicamente puede ejercitarse cuando el deudor no se encuentre en posesión de más bienes embargables y ejecutables.

Para el ejercicio de la acción subrogatoria es necesario que el acreedor sea titular de un crédito exigible contra el deudor, que el acreedor haya perseguido, infructuosamente, los bienes del deudor y no disponga de otros medios para satisfacer su crédito y que los derechos y acciones de que sea titular el deudor frente a terceros sean susceptibles de ser perseguidos. Una vez ejercitada con éxito la acción subrogatoria, los bienes debidos al deudor ingresan en su patrimonio.

Por su parte, la acción revocatoria o *pauliana* se dirige a impugnar las transmisiones realizadas por el deudor en fraude del derecho de crédito, y a reintegrar dichos bienes en el patrimonio del deudor. Es también una acción subsidiaria, no deben quedar bienes o derechos embargables y ejecutables en el patrimonio del deudor, y tiene dos presupuestos: los acreedores deben probar que la transmisión se produjo con la intención o el propósito de defraudarlos, y que tales transmisiones efectivamente perjudicaron o dañaron a los acreedores, pues determinaron o agravaron el estado de insolvencia del deudor. El Código Civil presume que determinados actos son fraudulentos (artículo 1297 del Código Civil). En concreto, todos aquellos contratos en los que el deudor enajena bienes a título gratuito, y las enajenaciones a título oneroso, hechas por aquellas personas contra las cuales se hubiese dictado antes sentencia condenatoria o expedido mandamiento de embargo de bienes.

2.   El contrato

2.1. Concepto

El contrato puede definirse como un acuerdo de voluntades entre dos o más personas cuyo objeto consiste en constituir, modificar o extinguir relaciones jurídicas.

El artículo 1091 del Código Civil establece que las obligaciones que nacen de los contratos tienen fuerza de ley entre las partes contratantes, y deben cumplirse al tenor de los mismos. Por su parte, el artículo 1254 del Código Civil determina que el contrato existe desde que una o varias personas consienten en obligarse a dar alguna cosa o prestar algún servicio.

El Código Civil asigna a los contratos dos funciones. Con carácter general, todos los contratos son fuentes de obligaciones (artículo 1089 del Código Civil) y, por otro lado, hay una serie de contratos onerosos que tienen una finalidad adquisitiva o traslativa de la propiedad y de otros derechos reales, al amparo del artículo 609 del Código Civil.

El contrato es el resultado del principio de autonomía de la voluntad (artículo 1254 del Código Civil). El individuo es libre y, en consecuencia, puede contratar sobre cualquier materia no prohibida. Esta afirmación se completa con dos principios más. El principio de libertad de forma: los contratos serán obligatorios sea cual sea la forma en que se hayan celebrado (artículo 1278 del Código Civil) y el principio de libertad de contenido: las partes pueden articular el contrato, estableciendo los pactos, las cláusulas y las condiciones que tengan por conveniente, siempre que no sean contrarias a la ley (normas imperativas), a la moral o al orden público (artículo 1255 del Código Civil).

2.2. Los elementos esenciales del contrato

El artículo 1261 del Código Civil determina que no hay contrato sino cuando concurren los requisitos siguientes:

— El consentimiento de los contratantes. De este requisito se ocupan los artículos 1262 y ss. del Código Civil. El consentimiento contractual está conformado por la concurrencia o concurso de la oferta y de la aceptación sobre la cosa y la causa que han de constituir el contrato (artículo 1262 del Código Civil). Es necesario que en el otorgamiento de este consentimiento no concurra ningún vicio del consentimiento (error, engaño, violencia o amenaza, que provoque la nulidad del consentimiento prestado (artículo 1265 del Código Civil).

Hay error cuando una de las partes sufre una equivocación que vicia la formación de su voluntad, de tal forma que, de haber conocido exactamente la realidad, no habría contratado o habría contratado de otra manera. Para que el error invalide el contrato debe ser esencial y no debe ser imputable al que lo padece (artículo 1266 del Código Civil).

Hay dolo cuando uno de los contratantes es engañado por el otro para celebrar el contrato. Para que el dolo invalide el contrato ha de ser grave, debe haber llevado al que lo sufrió a celebrar el contrato (artículos 1269 y 1270 del Código Civil).

Por último, hay violencia cuando para obtener el consentimiento se emplea la violencia física, y hay intimidación cuando se amenaza a la otra parte contratante. En ambos casos se invalida el contrato, aunque se empleen por un tercero. No invalida, por el contrario, el contrato el llamado miedo reverencial, es decir, el temor a desagradar a personas a las que se debe sumisión o respeto, al amparo del artículo 1267 del Código Civil.

— El objeto. Los requisitos que tiene que cumplir el objeto del contrato están previstos en los artículos 1271 a 1273 del Código Civil. El artículo 1271 del Código Civil determina que pueden ser objeto de contrato todas las cosas que no están fuera del comercio de los hombres, aun las futuras. También, todos los servicios que no sean contrarios a las leyes o a las buenas costumbres. En negativo, el artículo 1272 del Código Civil determina que no pueden ser objeto de contrato las cosas o servicios imposibles. Por último, el artículo 1273 del Código Civil establece que el objeto de todo contrato debe ser una cosa determinada en cuanto a su especie.

— La causa está regulada en los artículos 1274 a 1276 del Código Civil, es la razón o fin del contrato, el porqué de la obligación. La causa ha de existir, ha de ser lícita (es ilícita la causa cuando se opone a las leyes o a la moral) y ha de ser veraz.

2.3. Clases de contratos

Los contratos pueden ser calificados de distintas formas. Se plantea, a continuación, una posible clasificación:

— Unilaterales, bilaterales o sinalagmáticos. En atención a los vínculos establecidos entre ellos, pueden ser unilaterales, cuando nacen obligaciones para una parte, o bilaterales, cuando nacen obligaciones recíprocas para ambas partes del contrato.

— Consensuales, reales y formales. Son contratos consensuales los que se perfeccionan por el mero consentimiento de las partes. Son contratos reales los que precisan de la entrega de la cosa por una de las partes a la otra; estos son, el contrato de préstamo o depósito. Por último, son contratos formales los que precisan una forma determinada para manifestar el consentimiento (por escrito, en documento público o privado, etc).

— Contratos onerosos y gratuitos o lucrativos. Los contratos onerosos son aquellos en los que cada una de las partes aspira a procurarse una ventaja mediante un equivalente o compensación. En cambio, son gratuitos los contratos por los que una de las partes otorga a la otra un beneficio o ventaja patrimonial sin contraprestación o equivalente patrimonial.

— Contratos conmutativos y contratos aleatorios. Los contratos onerosos, a su vez, se pueden calificar como conmutativos o como aleatorios. Son conmutativos los contratos en los que las prestaciones de las partes son ciertas y determinadas en el momento de la formación del contrato. Son aleatorios aquellos contratos en los que la prestación de una o de ambas partes depende de la suerte o azar o, en general, de un acontecimiento incierto.

— Contratos negociados y contratos por adhesión. Los contratos negociados son aquellos en los que las partes se encuentran en posición de debatir y discutir el contenido del futuro contrato. Por el contrario, son contratos de adhesión aquellos en los que existe una redacción unilateral del contrato obra de una sola de las partes contratantes, y la otra únicamente puede aceptar o rechazar la propuesta (véase tema 5).

2.4. La nulidad y anulabilidad del contrato

La nulidad es una clase de invalidez de los contratos de pleno Derecho. Un contrato, como todo acto jurídico, es nulo cuando es contrario a una norma imperativa, salvo que la norma infringida prevea otra consecuencia (artículos 1255 y 6.3 del Código Civil); cuando no concurre alguno de los requisitos que enumera el artículo 1261 del Código Civil, estos son consentimiento, objeto y causa.

El contrato nulo no produce efecto alguno, de modo que, si se hubiera efectuado algún desplazamiento patrimonial, deben deshacerse. El artículo 1303 del Código Civil determina los efectos que produce la declaración de nulidad del contrato, los contratantes deben restituirse recíprocamente las cosas que hubieran sido materia del contrato con sus frutos y el precio con sus intereses. Si las cosas no pueden devolverse porque se han perdido, el obligado deberá restituir los frutos percibidos y el valor que tenía la cosa cuando se perdió, con los intereses desde la misma fecha (artículo 1307 del Código Civil).

Las causas de nulidad no pueden ser objeto de confirmación o de convalidación. Por ese motivo, la acción de nulidad no prescribe ni caduca, por lo que se puede ejercitar en cualquier momento por las partes que intervinieron en la perfección del contrato o por cualquier tercero que resulte perjudicado por el contrato nulo. También puede ser apreciada de oficio por el juez.

Por otro lado, un contrato es anulable cuando el ordenamiento jurídico concede a una de las partes la facultad de impugnarlo o de confirmarlo. Aunque los contratos no sean contrarios a normas imperativas o prohibitivas y reúnan todos sus elementos esenciales, pueden adolecer de defectos menos graves que permiten que puedan ser anulados para proteger el interés particular de una de las partes contratantes, de manera que solo este sujeto puede anular el contrato.

Son causas de anulabilidad los vicios de consentimiento (error, dolo, violencia o intimidación), los defectos de capacidad (menores de edad o personas con discapacidad) y la falta de consentimiento del cónyuge de quien contrató cuando tal consentimiento sea necesario.

Como la anulabilidad se dirige a la protección de un determinado sujeto, únicamente él y determinadas personas pueden alegarla: la víctima del dolo, la violencia o la intimidación o la persona que sufrió el error, el menor de edad, la persona con discapacidad o el cónyuge cuyo consentimiento se omitió siendo necesario. La otra parte contratante no podrá alegar la minoría de edad ni la falta de apoyo de aquel (artículo 1302.4 del Código Civil).

La acción de anulabilidad caduca a los cuatro años (artículo 1301 del Código Civil).

En los supuestos en que la acción de anulabilidad no se ejercite, bien porque se deje transcurrir el plazo dado legalmente o porque cuando se ejercite la acción esta haya caducado, o bien porque se renuncie al ejercicio de la acción o porque las partes confirmen el contrato con posterioridad, el contrato continuará produciendo todos sus efectos. Por el contrario, cuando el contrato se invalide a consecuencia del ejercicio de la acción de anulabilidad, debe procederse, como en los casos de nulidad del contrato, a la restitución: los contratantes deben restituirse recíprocamente las cosas que hubieran sido materia del contrato con sus frutos y el precio con sus intereses (artículo 1303 del Código Civil).

2.5. La contratación automatizada, la contratación electrónica y los *smart contracts*

Con el término contratación automatizada se hace referencia a la utilización de máquinas automáticas para acceder a determinados productos o servicios. Es necesario destacar que en este tipo de contratación se produce un anonimato de ambos contratantes y la posibilidad de considerarlos contratos reales, porque exigen en muchas ocasiones la realización de prestaciones para que se perfeccione el contrato. A esta forma de contratación resulta difícil aplicarle la normativa tradicional, aunque en su contenido puedan ser encuadrados en alguno de los contratos típicos. Por eso, nuestro ordenamiento jurídico ha establecido una serie de especialidades contenidas en los artículos 49 y ss. de la Ley de Ordenación del Comercio Minorista.

Entendemos por contratación electrónica la que se realiza utilizando nuevas tecnologías de la comunicación. Algunos de los aspectos más importantes de la contratación electrónica han sido regulados por la Ley de Servicios de la Sociedad de la Información (en adelante, LSSI) y por la Ley de Servicios Electrónicos de Confianza (en adelante, LSEC).

Los contratos celebrados por vía electrónica producirán todos los efectos previstos por el ordenamiento jurídico, cuando concurran el consentimiento y los demás requisitos necesarios para su validez (artículo 23.2 de la LSSI).

Una de las características de la contratación electrónica es que los medios para formalizar el contrato son documentos electrónicos. En este sentido, el artículo 3 de la LSEC considera que los documentos electrónicos tienen el valor y la eficacia jurídica que correspondan a su naturaleza. En la misma línea, los artículos 23.3 y 24.2 de la LSSI reconoce el principio de equivalencia entre el documento electrónico y el documento escrito, y entre la firma manuscrita y la electrónica cualificada.

Por último, los *smart contracts* o contratos inteligentes son contratos celebrados a través de medios electrónicos o telemáticos, cuyo contenido en todo o en parte se realiza conforme a códigos o protocolos informáticos que hacen que algunas de las prestaciones del contrato se ejecuten automáticamente por vía electrónica. A falta de normativa específica, les son de aplicación las normas generales de los contratos y la normativa sectorial aplicable en materia de contratación con consumidores y por vía electrónica.

Tema 5. Derecho de consumo

1. El Derecho de consumo: aspectos generales. 2. Conceptos de consumidor y de empresario. 2.1. Concepto de consumidor. 2.1.1. El consumidor persona física y jurídica. 2.1.2. El consumidor mixto. 2.1.3. El consumidor vulnerable. 2.2. El empresario. 3. La formación del contrato en las relaciones de consumo. 3.1. La información precontractual. 3.2. El contenido del contrato: la integración de la oferta, promoción y publicidad en el contrato. 3.3. La confirmación documental. 3.4. El derecho de desistimiento. 4. La contratación mediante cláusulas no negociadas. 4.1. Régimen jurídico aplicable: la Ley de Condiciones Generales de la Contratación y el TRLGDCU. 4.2. El control de las condiciones generales de la contratación. 4.2.1. El control de transparencia formal. 4.2.2. El control de contenido: las cláusulas abusivas. 4.2.3. El control de transparencia material.

1. El Derecho de consumo: aspectos generales

El artículo 51 de la CE tiene la consideración de principio rector de la política social y económica. Su función por la condición de principio rector es la de informar la legislación positiva, la práctica judicial y la actuación de los poderes públicos. En concreto, reconoce que los poderes públicos garantizarán la defensa de los consumidores y usuarios, protegiendo, mediante procedimientos eficaces, la seguridad, la salud y los legítimos intereses económicos de los mismos. Además, promoverán la información y la educación de los consumidores y usuarios, fomentarán sus organizaciones y oirán a estas en las cuestiones que puedan afectar a aquellos, en los términos que la Ley establezca.

En España, la primera Ley que reguló los derechos de los consumidores fue la Ley 26/1984, de 19 de julio, General para la Defensa de los Consumidores y Usuarios. La transposición de distintas Directivas comunitarias sobre protección de consumidores dio lugar a un número importante de Leyes que, junto con la Ley 26/1984, se encontraban dispersas en nuestro ordenamiento jurídico. Por ese motivo, el legislador español realizó una delegación legislativa a favor del Gobierno para que realizara una refundición de normas destinadas a proteger a los consumidores. Esta delegación legislativa dio lugar al Real Decreto Legislativo 1/2007, de 16 de noviembre, por el que se aprueba el Texto Refundido de la Ley General para la Defensa de los Consumidores y Usuarios y otras leyes complementarias (en adelante, TRLGDCU).

El Derecho de consumo se caracteriza por una marcada dispersión legal. Su contenido no se reduce al TRLGDCU. Existen muchas normas sectoriales nacionales y comunitarias, que afectan a determinados contratos, pero también a sectores concretos, y que no están contenidas en el TRLGDCU. De modo que puede afirmarse que el Derecho de consumo se encuentra disperso en nuestro ordenamiento jurídico.

Por otro lado, las comunidades autónomas no permanecen ajenas al Derecho de consumo. La defensa del consumidor no es una competencia que prevea la Constitución Española en sus artículos 148 y 149. Al tratarse de una materia pluridisciplinar, de contornos imprecisos y en la que concurren distintas reglas competenciales, las comunidades autónomas pueden asumir competencias en materia de Derecho de consumo. En la práctica, su intervención suele estar limitada a aspectos jurídico-administrativos de consumo, como la imposición de sanciones, realización de inspecciones, etc.

El fundamento del Derecho de consumo es la protección del consumidor y usuario frente a dos fenómenos: la asimetría informativa entre el empresario y los consumidores y el menor poder de negociación que *a priori* se presume en el consumidor. Las normas de Derecho de consumo tienen carácter imperativo. Con ello se pretende impedir la posible reducción del nivel de protección previsto por el legislador a favor del consumidor, mediante el juego de la autonomía de la voluntad.

2. Conceptos de consumidor y de empresario

La aplicación de la normativa de Derecho de consumo requiere que la relación jurídica entre las partes pueda ser calificada como relación de consumo. El artículo 2 del TRLGDCU dispone que esta norma será de aplicación a las relaciones entre consumidores o usuarios y empresarios.

2.1. Concepto general de consumidor

2.1.1. El consumidor persona física y jurídica

El artículo 3.1 del TRLGDCU define a los consumidores o usuarios como las personas físicas que actúen con un propósito ajeno a su actividad comercial, empresarial, oficio o profesión.

Lo importante en esta definición es que el consumidor actúe en el momento de celebrar el contrato con un propósito ajeno a su actividad empresarial. A los efectos de calificar a una persona como consumidor resulta irrelevante:

— El conocimiento o experiencia que tenga en el sector concreto que va a contratar.

— Que su actuación esté motivada por la obtención de un ánimo de lucro. La ausencia del ánimo de lucro es un concepto excluyente del concepto de consumidor persona jurídica, pero no de la persona física. A modo ilustrativo, hay muchas resoluciones judiciales que reconocen la consideración de consumidor a la persona física que realiza adquisiciones inmobiliarias destinadas a obtener una futura rentabilidad, por ejemplo, a través del alquiler como vivienda o del alquiler vacacional.

El concepto de consumidor abarca también a las personas jurídicas y, desde el año 2014, a las entidades sin personalidad jurídica que actúen sin ánimo de lucro en un ámbito ajeno a una actividad comercial o empresarial (artículo 3.1, párrafo segundo del TRLGDCU).

Bajo esta definición podrían reputarse consumidores las asociaciones cuando los bienes adquiridos o los servicios contratados se destinan al beneficio de sus socios. A modo ejemplificativo, serán consumidoras cuando compren ordenadores o contraten un préstamo para mejorar las instalaciones de la asociación. En contraposición, difícilmente una sociedad mercantil podrá tener la consideración de consumidora.

Desde el año 2014, las entidades sin personalidad jurídica, como las comunidades de propietarios, serán consideradas consumidoras en los contratos que celebren en beneficio de los miembros que la conforman. Piénsese en un contrato de prestación de servicios de conserjería o en la contratación de un seguro de responsabilidad civil.

La condición de consumidor se presume cuando la persona subjetivamente, reúne los requisitos de ser persona física o persona jurídica sin ánimo de lucro. De modo que correspondería al empresario la carga de la prueba de demostrar que la contraparte actúa en el marco de una actividad empresarial.

Por último, hay que mencionar que la normativa sectorial de consumo, en ocasiones, establece un concepto autónomo de consumidor, distinto a los aspectos apuntados, que solo se aplica a ese ámbito concreto. Al respecto, puede verse la

Ley para créditos al consumo o la Ley de aprovechamiento por turno de bienes de uso turístico.

2.1.2. El consumidor mixto

La aplicación de la normativa de consumo ha planteado si en una determinada relación jurídica un consumidor que adquiere un determinado bien para utilizarlo simultáneamente, en su actividad empresarial, pero también para fines personales, ostenta la condición de consumidor, a efectos del TRLGDCU.

El Tribunal Supremo ha considerado que, en estos casos, debe reputarse consumidor cuando el fin predominante del bien es el personal (STS de 5 de abril del 2017), es decir, cuando más de la mitad de su uso es personal. En la misma línea, el Tribunal de Justicia de la Unión Europea ha señalado que, para reconocer la condición de consumidor en un contrato con doble finalidad, es necesario que el impacto en la actividad empresarial de la persona sea tan tenue que pueda considerarse marginal e insignificante en el contexto global de la relación contractual (SSTJUE de 14 de febrero de 2019 y de 9 de marzo de 2023).

2.1.3. El consumidor vulnerable

Mediante el Real Decreto-ley 1/2021, se incorpora al artículo 3 del TRLGDCU el concepto de consumidor vulnerable. Según este precepto, se considera a los efectos de esta Ley y sin perjuicio de la normativa sectorial que pueda resultar de aplicación, que tienen esta consideración respecto de relaciones concretas de consumo aquellas personas físicas que, de forma individual o colectiva, por sus características, necesidades o circunstancias personales, económicas, educativas o sociales, se encuentran, aunque sea territorial, sectorial o temporalmente, en una especial situación de subordinación, indefensión o desprotección que les impide el ejercicio de sus derechos como personas consumidoras en condiciones de igualdad.

El consumidor vulnerable es un subtipo de consumidor, pues se exige, por un lado, el cumplimiento de los requisitos del apartado primero del artículo 3, es decir, que se celebre el contrato al margen de su actividad empresarial o profesional y, además, la concurrencia de alguna de las circunstancias del apartado segundo del artículo 3 del TRLGDCU.

El artículo 8.2 del TRLGDCU establece que los derechos de las personas consumidoras vulnerables gozarán de una especial atención, que será recogida reglamentariamente y por la normativa sectorial que resulte de aplicación en cada caso.

2.2. El empresario

El artículo 4 del TRLGDCU considera empresario a efectos de esta norma a toda persona física o jurídica, ya sea privada o pública, que actúe, directamente o a través de otra persona en su nombre o siguiendo sus instrucciones, con un propósito relacionado con su actividad comercial, empresarial, oficio o profesión.

Para la calificación de una persona como empresario resulta irrelevante el tamaño de la empresa o su naturaleza pública o privada. La definición es tan amplia que permite incluir prácticamente a cualquier operador económico.

El concepto de empresario del artículo 4 del TRLGDCU no es coincidente con el de comerciante de artículo 1 del Código de Comercio. De modo que hay empresarios que ostentan la condición de comerciantes, mientras que otros empresarios no son comerciantes. El TRLGDCU no exige capacidad legal y habitualidad, es suficiente con que en la relación contractual actúe con un propósito relacionado con su actividad empresarial.

3. La formación del contrato en las relaciones de consumo

El TRLGDCU establece una serie de mecanismos para la protección del consumidor en la contratación con consumidores, sin perjuicio de que hay determinados contratos y sectores que establecen reglas específicas.

3.1. La información precontractual

Los deberes de información precontractual tienen su fundamento en la existencia de una situación de asimetría informativa sobre los bienes y las características e implicaciones del contrato. Por ese motivo, el legislador establece unos deberes precontractuales de información que tienen como fin último garantizar al consumidor la posibilidad de analizar antes de contratar distintas ofertas y reflexionar sobre la conveniencia o no de celebrar el contrato.

La información precontractual se debe suministrar de forma clara, comprensible y accesible y debe ser relevante, veraz y suficiente, abarcando las características principales del contrato, en particular, sus condiciones jurídicas y económicas.

El artículo 60 del TRLGDCU determina la información mínima que el empresario debe proporcionar al consumidor, que incluye:

— Las características principales de los bienes o servicios.
— La identidad del empresario con sus datos de contacto.
— El precio total, incluidos todos los impuestos y tasas.
— Los procedimientos de pago, entrega y ejecución, incluyendo la fecha en que el empresario se compromete a entregar los bienes o a ejecutar la prestación del servicio.
— El recordatorio de la existencia de una garantía legal y, en su caso, la existencia y las condiciones de los servicios posventa y las garantías comerciales.
— La duración del contrato o las condiciones para su extinción si tiene una duración indeterminada o se prorroga de forma automática.
— La lengua o lenguas en las que podrá formalizarse el contrato, cuando no sea aquella en la que se le ha ofrecido la información previa a la contratación.
— La existencia, plazo y forma del derecho de desistimiento.
— El procedimiento para atender las reclamaciones de los consumidores y usuarios, y, en su caso, información sobre el sistema extrajudicial de resolución de conflictos.
— La funcionalidad e interoperabilidad de los bienes con elementos digitales, el contenido digital y los servicios digitales.

Con carácter general, el TRLGDCU no establece la consecuencia jurídica que se deriva del incumplimiento de este deber de información precontractual. Ante esta situación, es necesario comprobar si el legislador ha establecido una consecuencia jurídica específica para la ausencia de esta información. Por ejemplo, la falta de información sobre los gastos de devolución en caso de desistimiento en un contrato celebrado a distancia comporta la no asunción de su coste por el consumidor (artículo 97 del TRLGDCU).

Si el legislador no ha establecido una consecuencia concreta, resulta de aplicación el artículo 65 del TRLGDCU que prevé para los supuestos de omisión de información precontractual relevante la integración del contrato, conforme al principio de buena fe objetiva, en beneficio del consumidor.

3.2. El contenido del contrato: la integración de la oferta, promoción y publicidad en el contrato

El artículo 61.2 del TRLGDCU establece que el contenido de la oferta, promoción y publicidad sobre las prestaciones propias del bien o servicio, las condiciones jurídicas o económicas y las garantías ofrecidas vincularán al empresario y será contenido exigible por el consumidor. Esto es, pasará a integrar el contrato, aun cuando no figuren expresamente en él y deberán tenerse en cuenta en la determinación del principio de conformidad con el contrato.

El incumplimiento de las condiciones incorporadas en la oferta, promoción o publicidad, al integrarse en el contrato, dará lugar a un incumplimiento contractual. El fundamento de esta previsión es proteger la confianza y las legítimas expectativas del consumidor que contrata teniendo en consideración lo prometido en la publicidad.

La exigibilidad del contenido de la publicidad por parte del consumidor no es ilimitada. De este modo, no operará la integración contractual sobre el contenido de la oferta, promoción y publicidad cuando:

— El contrato celebrado contuviese cláusulas más beneficiosas, estas prevalecerán sobre el contenido de la oferta, promoción o publicidad.
— Las cláusulas contractuales que contradigan el contenido de la oferta, promoción y publicidad sean consecuencia de una negociación individualizada.
— El contenido que se pretenda integrar sean declaraciones sugestivas que sean un reclamo para obtener la contratación.

3.3. La confirmación documental

El artículo 1278 CC reconoce el principio de libertad de forma de los contratos. En su virtud, los contratos serán obligatorios, cualquiera que sea la forma en que se hayan celebrado, siempre que en ellos concurran las condiciones esenciales para su validez.

En el ámbito de la protección de los consumidores, se prevé que los empresarios tienen obligación de entregarles un recibo justificante, copia o documento acreditativo con las condiciones esenciales de la operación, incluidas las condiciones generales de la contratación, aceptadas y firmadas por el consumidor y usuario.

La finalidad que tiene esta exigencia legal de documentación es informar a los consumidores de los derechos y obligaciones que para ellos se derivan con la suscripción del contrato. Además, los consumidores con esta confirmación documental tienen una prueba de la celebración del contrato.

Esta copia o confirmación del contrato a la que hace referencia el artículo 63 del TRLGDCU no tiene que ser en papel necesariamente, siendo posible que se le suministre al consumidor en cualquier soporte duradero, de modo que pueda ser consultado repetidamente sin alteración. Además, salvo que por prescripción legal sea necesario que el contrato conste en escritura pública, su formalización será gratuita para el consumidor.

El legislador establece para algunos contratos una obligación específica de documentar el contrato. Es el caso, entre otros, de los contratos de viaje combinado, contratos celebrados a distancia o fuera de establecimiento mercantil, etc.

3.4. El derecho de desistimiento

El TRLGDCU regula el derecho de desistimiento en sus artículos 68 a 79. La facultad de desistimiento permite al consumidor dejar sin efecto el contrato celebrado, notificándoselo así a la otra parte contratante en el plazo establecido para el ejercicio de ese derecho, sin necesidad de justificar su decisión y sin penalización de ninguna clase.

Para que el consumidor tenga derecho a desligarse del contrato celebrado es necesario:

— Que exista una previsión legal o reglamentaria que le reconozca esta facultad.
A modo ejemplificativo, el legislador prevé el derecho de desistimiento en los contratos celebrados a distancia o fuera de establecimiento mercantil (artículos 102 y ss del TRLGDCU). Se considera que el fundamento de este derecho legal está en que en la contratación a distancia no es posible la inspección previa del bien adquirido, por lo que se da la posibilidad de desistir durante un plazo, para el supuesto de que el consumidor no haya formado correctamente su voluntad de adquirir.
— Que el empresario prevea esta facultad en la oferta, promoción, publicidad o en el propio contrato, aunque legalmente no estuviera obligado a reconocer esta opción.

En cualquier caso, serán nulas de pleno de derecho las cláusulas que impongan al consumidor y usuario una penalización por el ejercicio de su derecho de desistimiento.

El consumidor dispondrá de un plazo mínimo de 14 días naturales para ejercitar su facultad de desistimiento. No obstante, se establecen algunas reglas adicionales, en caso de incumplimiento de la información sobre el derecho de desistimiento:

— Cuando el empresario no facilita ningún tipo de información sobre el derecho de desistimiento, el período para el ejercicio de esta facultad finaliza a los 12 meses desde la fecha de expiración del plazo inicial.
— Cuando el empresario proporciona la información durante esos 12 meses, se computarían los 14 días naturales desde ese momento.

La ampliación del plazo por la omisión de la información sobre esta facultad constituye una penalización para el empresario.

El TRLGDCU favorece el ejercicio del derecho de desistimiento por parte del consumidor porque no exige para su ejercicio formalidad alguna, es suficiente con que se acredite en cualquier forma admitida en Derecho. No obstante, corresponde al consumidor probar que ha ejercitado el derecho.

Para facilitar su ejercicio se considera válidamente realizado mediante el envío del documento de desistimiento o mediante la devolución de los productos recibidos. Si se trata de un consumidor vulnerable, es suficiente con una afirmación personal en plazo. Además, el ejercicio del derecho de desistimiento no implicará gasto alguno para el consumidor.

El ejercicio del derecho de desistimiento supone la extinción del contrato con efectos retroactivos, como si no se hubiera celebrado. De modo que el empresario y consumidor deberán restituirse recíprocamente sus prestaciones.

Específicamente, se prevé que el consumidor no tendrá que rembolsar cantidad alguna por la disminución del valor del bien que sea consecuencia de su uso durante el tiempo previo al ejercicio de desistimiento, conforme a lo pactado o a su naturaleza. Además, tendrá derecho al rembolso de los gastos necesarios y útiles que hubiera realizado en el bien con carácter previo al desistimiento.

Por su parte, el empresario estará obligado a devolver las sumas abonadas por el consumidor sin retención de gastos. Esta devolución deberá efectuarse sin demoras indebidas y, en cualquier caso, antes de que hayan transcurrido 14 días naturales desde la fecha en la que se ha efectuado el desistimiento. Si el empresario no cumple con su obligación en este plazo, el consumidor podrá reclamarla duplicada.

Cuando el consumidor pretenda desistir de un contrato que se encuentre vinculado a otro complementario, se prevé la extinción automática y sin costes del contrato complementario. Si el contrato vinculado es para financiar todo o parte del precio del contrato, el ejercicio del derecho de desistimiento sobre el contrato principal supondrá la resolución del contrato de crédito sin penalización alguna para el consumidor.

4. La contratación mediante cláusulas no negociadas

En los contratos de adhesión una de las partes predispone las cláusulas que van a regir el contrato y la otra se limita a su aceptación o rechazo, sin posibilidad, *a priori* de modificarlas. Este tipo de contratación reduce la capacidad de los consumidores de influir en el contenido del contrato, pues el empresario está determinando contractualmente sus intereses, pero también los de la contraparte del contrato.

Los contratos de adhesión respetan la libertad de contratar (libertad de celebrar o no el contrato), pero no amparan la libertad contractual (libertad de ambas partes de establecer las cláusulas que aceptan mutuamente). Para que los contratos de adhesión sean válidos es necesaria la realización de un control para evitar que una de las partes sufra perjuicios derivados de la limitación al principio de autonomía de la voluntad.

Este tipo de contratación beneficia a los predisponentes (empresarios) porque facilita la contratación al permitir mayor celeridad y reducción de costes y genera una serie de desventajas a los adherentes (en muchas ocasiones, consumidores), porque no pueden influir en el contenido del contrato.

4.1. Régimen jurídico aplicable: la Ley de Condiciones Generales de la Contratación y el TRLGDCU

El artículo 1 de la Ley de Condiciones Generales de la Contratación (en adelante, LCGC) las define como las cláusulas predispuestas cuya incorporación al contrato sea impuesta por una de las partes, con independencia de la autoría material de las mismas, de su apariencia externa, de su extensión y de cualesquiera otras circunstancias, habiendo sido redactadas con la finalidad de ser incorporadas a una pluralidad de contratos.

El hecho de que ciertos elementos de una cláusula o que una o varias cláusulas aisladas del contrato se hayan negociado individualmente no excluirá la aplicación de esta Ley al resto del contrato si en su apreciación global puede concluirse que se trata de un contrato de adhesión. Se considera que corresponde al profesional predisponente la carga de la prueba de que ha habido negociación cuando el adherente es un consumidor.

La Ley de Condiciones Generales de la Contratación se aplica a:

— Los contratos celebrados entre un predisponente profesional y un adherente que ostente la condición legal de consumidor (artículo 3 del TRLGDCU).

— Los contratos celebrados entre un predisponente profesional y un adherente profesional.

El concepto de condición general de la contratación establecido por la LCGC debe ser diferenciado en los contratos con consumidores de otro concepto que es el de cláusula no negociada individualmente, al que se refiere el artículo 82 del TRLGDCU.

Ambos conceptos tienen como notas comunes que se predisponen o imponen por una parte del contrato a otra, en el seno de una relación contractual. La principal diferencia es que mientras que la condición general de la contratación está dirigida a incorporarse a pluralidad de contratos, la cláusula no negociada individualmente no es necesario que se incorpore a una pluralidad de contratos.

A modo ejemplificativo, será condición general de la contratación una cláusula predispuesta por una compañía telefónica para ser incorporada a todos los contratos que suscriba, con consumidores o con otros profesionales. En cambio, las cláusulas que predisponga un abogado a un determinado cliente consumidor, aunque sean predispuestas únicamente para ese cliente, tendrán la consideración de cláusulas no negociadas individualmente.

En los contratos de consumo pueden aplicarse conjuntamente la Ley de Condiciones Generales de la Contratación y el TRLGDCU cuando las cláusulas sean incorporadas a pluralidad de contratos y los adherentes tengan la condición de consumidores.

4.2. El control de las condiciones generales de la contratación

4.2.1. El control de transparencia formal

Este control está dirigido a comprobar que el adherente ha tenido ocasión de acceder y conocer el contenido del contrato con anterioridad a su celebración.

Este control es aplicable cuando el adherente es consumidor, pero también si es empresario o profesional. Mediante este examen se valora si la redacción de la cláusula es concreta y comprensible, clara, transparente, sencilla, accesible y legible [artículos 5 y 7 de la Ley de Condiciones Generales de la Contratación y artículo 80.1 a) y b) del TRGDCU].

A modo ejemplificativo, la Ley establece que no se considerará legible si el tamaño de la letra del contrato fuese inferior a los 2,5 milímetros, el espacio entre líneas menor de 1,15 milímetros o insuficiente el contraste con el fondo cuando hiciese dificultosa la lectura.

Las condiciones incorporadas de modo no transparente en los contratos en perjuicio de los consumidores serán nulas de pleno derecho, de conformidad con el artículo 83.2 del TRLGDCU.

4.2.2. El control de contenido: las cláusulas abusivas

El control de contenido tiene su base en el artículo 82 del TRLGDCU que define las cláusulas abusivas como todas aquellas estipulaciones no negociadas individualmente y todas aquellas prácticas no consentidas expresamente que, en contra de las exigencias de la buena fe, causen, en perjuicio del consumidor y usuario, un desequilibrio importante de los derechos y obligaciones de las partes que se deriven del contrato.

Este control valora si lo dispuesto en la cláusula es contrario a la buena fe o genera un desequilibrio de los derechos de consumidores y usuarios. Se realiza cuando el adherente es consumidor, nunca cuando es profesional o empresario. La valoración de si una determinada cláusula es o no abusiva dependerá de las circunstancias del caso en el momento de su celebración. En especial, de los bienes o servicios objeto del contrato y del conjunto de cláusulas del contrato.

El TRLGDCU considera que, en todo caso, son abusivas las cláusulas que:

— Vinculen el contrato a la voluntad del empresario,
— Limiten los derechos del consumidor y usuario,
— Determinen la falta de reciprocidad en el contrato,

— Impongan al consumidor y usuario garantías desproporcionadas o le impongan indebidamente la carga de la prueba,
— Resulten desproporcionadas en relación con el perfeccionamiento y ejecución del contrato, o
— Contravengan las reglas sobre competencia y derecho aplicable.

La consideración de que una cláusula es nula comporta consecuencias sobre la propia cláusula, que se considera nula de pleno derecho y se tiene por no puesta, y en el contrato, que seguirá siendo obligatorio para las partes, siempre que pueda subsistir sin la cláusula abusiva.

4.2.3. El control de transparencia material

Este control de transparencia es especial porque únicamente están sujetos a él las cláusulas no negociadas individualmente cuando afectan a un elemento esencial del contrato. Es decir, el precio que se paga y el bien o servicio que se recibe.

Este control se articula sobre una construcción jurisprudencial al amparo del artículo 4.2 de la Directiva sobre cláusulas abusivas. Para la realización de este control es necesario que el adherente tenga la condición de consumidor. Mediante este control se valora si el consumidor o usuario comprende las consecuencias jurídicas y económicas de las cláusulas y del contrato. Esto es, sus consecuencias reales.

Las condiciones incorporadas de modo no transparente en los contratos en perjuicio de los consumidores serán nulas de pleno derecho, de conformidad con el artículo 83.2 del TRLGDCU.

Tema 6.   El empresario y su estatuto jurídico

1. El empresario. 1.1. El concepto de empresario y sus consecuencias jurídicas. 1.2. Los profesionales liberales. 1.3. Clases de empresarios. 1.3.1. El empresario mercantil individual. 1.3.2. El empresario persona jurídica. 1.4. La responsabilidad del empresario. 1.5. El emprendedor con responsabilidad limitada (ERL). 1.6. La responsabilidad del empresario casado y el régimen económico del matrimonio. 1.6.1. El régimen económico del matrimonio. 1.6.2. La responsabilidad del matrimonio casado. 2. Los colaboradores del empresario. 2.1. Nociones generales: la representación. 2.2. La representación voluntaria en el Derecho mercantil. 2.2.1. Los colaboradores dependientes: gerentes, dependientes y mancebos. 2.2.2. Los colaboradores independientes: agentes comerciales. 3. El estatuto jurídico del empresario. 3.1. El deber de contabilidad. 3.1.1. Obligación de llevar una contabilidad. 3.1.2. El secreto de la contabilidad del empresario. 3.1.3. Valoración de la contabilidad como medio de prueba. 3.1.4. La auditoría o verificación contable. 3.2. El deber de publicidad legal. El Registro Mercantil. 3.2.1. Introducción. 3.2.2. El Registro Mercantil. 3.2.2.1. Organización y funciones. 3.2.2.2. Registros Mercantiles territoriales. 3.2.2.3. Registro Mercantil Central. 3.2.3. Sujetos y actos sometidos a inscripción. 3.2.4. Los principios registrales mercantiles.

1.   El empresario

1.1. El concepto de empresario y sus consecuencias jurídicas

Es empresario quien ejercita una actividad empresarial en nombre propio. Por tanto, el empresario es el titular de los derechos y obligaciones derivados de la actividad empresarial y es quien responde por el incumplimiento de las obligaciones derivadas de dicha actividad.

El artículo 1.1 del Código de Comercio (Ccom.) no se refiere al empresario, sino al comerciante. La definición de empresario es una definición más amplia que la de comerciante. Un comerciante es una persona dedicada a la compraventa de mercancías. Un comerciante no se dedica a extraer riquezas de la tierra (agricultura, ganadería, pesca, minería), ni se dedica a transformar materias primas (industria). El empresario puede dedicarse tanto a la actividad intermediadora como a la extractiva o la transformadora.

Hoy en día el legislador ya no utiliza el concepto de comerciante y lo sustituye por el de empresario. Podemos ver el ejemplo en los artículos 16 y ss. y 25 y ss. del Ccom., o en el Reglamento del Registro Mercantil, donde no aparece el término comerciante.

La doctrina mercantil separa los conceptos de empresario y empresa. Se refiere a empresa solo en lo que interesa desde el punto de vista jurídico, como es la actividad del empresario. Así, el propio Ccom. denomina «empresa» al objeto al que los empresarios (persona física o sociedades mercantiles) se dedican. Como ejemplo: «Todo empresario deberá llevar una contabilidad ordenada, adecuada a la actividad de su empresa» (art. 25 Ccom.); «si se hubiera autorizado al concursado-inhabilitado a continuar al frente de la empresa» (art. 13.2 Ccom.); o al entender la empresa como aportación no dineraria (art. 66 LCS).

Desde el punto de vista jurídico, empresario es la persona física o jurídica que profesionalmente y por cuenta y en nombre propio realiza una actividad empresarial. El estudio del empresario, desde el punto de vista jurídico, engloba distintos elementos como la persona, la capacidad legal, la titularidad de una empresa, la prestación de bienes y servicios, la presencia en el mercado y el ánimo de obtener una ganancia.

No todo empresario va a tener el mismo régimen jurídico. Va a depender de que sea una persona física o jurídica y de cuál sea la actividad empresarial que realice (bancaria, seguros, etc.).

Que una persona tanto física como jurídica sea considerada empresario mercantil tiene dos consecuencias jurídicas:

En primer lugar, el empresario está sometido a su estatuto jurídico. El sometimiento al estatuto jurídico conlleva la llevanza de una contabilidad (art. 25 Ccom.) y la obligación de utilizar el Registro Mercantil como medio de publicidad (arts. 16 y ss. Ccom.).

En segundo lugar, a los actos que puedan considerarse mercantiles se les aplicará el Ccom. y la legislación mercantil especial.

1.2.   Los profesionales liberales

Los profesionales liberales (economistas, abogados, médicos, ingenieros, etc.) tradicionalmente no eran considerados empresarios y no se les aplicaba el Derecho mercantil. Estos profesionales trabajaban para su propia subsistencia y la de su familia como prestadores de servicios.

No se incluye en el concepto de empresario a los profesionales liberales, ya que la prestación de bienes y servicios en el mercado viene dada por la personalidad del profesional. Sin embargo, hay un acercamiento entre el profesional liberal y el empresario en algunas normas jurídicas. Un ejemplo lo encontramos en la regulación de las cláusulas abusivas de los contratos celebrados entre consumidores y empresarios, al haberse ampliado el alcance de la ley a los contratos celebrados entre profesionales y consumidores. Otro ejemplo lo tenemos en la Ley de Competencia Desleal, que considera que una ley mercantil se aplica «a los empresarios, profesionales y a cualesquiera otras personas físicas o jurídicas que participen en el mercado» (art. 3.1 de la Ley 3/1991, de 10 de enero, de Competencia Desleal).

Hoy en día existen profesionales que se organizan como si fueran empresarios, incluso adoptan formas mercantiles para el ejercicio de su actividad profesional. La Ley 2/2007, de 15 de marzo, de Sociedades Profesionales (en adelante, LSP) permite la constitución de sociedades para el ejercicio en común de actividades profesionales «con arreglo a cualquiera de las formas societarias prescritas en las leyes» (art. 1.2), incluidas las sociedades de capital.

Por tanto, el profesional liberal no es empresario. Si son varios los profesionales que constituyen una sociedad civil para ejercitar la actividad profesional (art. 1665 CC), tampoco esa sociedad tendrá la condición mercantil. Sí adquirirán dicha condición mercantil cuando los profesionales opten por constituirse en alguna de las formas de sociedad mercantil. Ahora bien, tanto las sociedades profesionales civiles como las mercantiles se deben inscribir en el Registro Mercantil, donde debe reflejarse el cambio de los socios (art. 8 LSP).

1.3. Clases de empresarios

Los empresarios pueden ser personas físicas (empresario individual) o personas jurídicas (empresario social). El art. 1 del Ccom. establece esta distinción entre empresarios individuales y sociales distinguiendo entre:

— Los que, teniendo capacidad legal para ejercer el comercio, se dedican a él habitualmente.
— Las compañías mercantiles o industriales que se constituyeren con arreglo a este Código.

1.3.1. El empresario mercantil individual

1.º Concepto de empresario individual. Características

El empresario individual es la persona física que ejercita en nombre propio, por sí o por medio de representante, una actividad constitutiva de empresa. Este concepto es equivalente al concepto de comerciante que establece el Ccom.

Vamos a destacar tres características que debe tener una persona física para ser empresario:

a) En primer lugar, el empresario debe tener capacidad legal para realizar una actividad empresarial. Esta actividad se lleva a cabo a través de la organización de elementos personales y materiales que son el instrumento o medio para la producción de bienes o servicios para el mercado. El empresario debe realizar una actividad empresarial y para ello ejecuta constantemente actos jurídicos. La falta de capacidad no se puede suplir con un representante, se debe tener capacidad de obrar y plena disposición de los bienes. «Tendrán capacidad legal para el ejercicio habitual del comercio las personas mayores de edad y que tengan la libre disposición de sus bienes» (art. 4 Ccom.). De modo que los menores y los emancipados no pueden ser empresarios.

Los emancipados, aunque pueden regir su persona y bienes como si fueran mayores de edad, no pueden gozar de la libre disposición de sus bienes ya que, hasta que lleguen a la mayoría de edad, no pueden tomar dinero a préstamo, gravar o enajenar bienes inmuebles y establecimientos mercantiles o industriales u objetos de extraordinario valor sin consentimiento de sus padres o tutores, o en el caso de emancipados, sin el consentimiento de su defensor judicial (art. 247 CC).

Sin embargo, el Ccom. hace una excepción para que los menores de 18 años puedan continuar, por medio de sus guardadores, el comercio que hubieran ejercido sus padres o sus causantes (art. 5 Ccom.).

Para que el menor que va a continuar la actividad empresarial de sus padres se inscriba en el Registro Mercantil, se debe realizar la solicitud por sus representantes legales (art. 88.2 RRM). Los empresarios son los menores o incapaces y no los representantes legales, que actúan en nombre ajeno.

Las personas con discapacidad necesitarán el apoyo de un curador para el ejercicio de su capacidad jurídica. El curador necesita autorización judicial para enajenar o gravar bienes inmuebles y establecimientos mercantiles o industriales, para dar y tomar dinero a préstamo y para prestar aval o fianza, entre otros (art. 287 CC).

b) En segundo lugar, la actividad que realiza el empresario debe ser profesional. Es a lo que se refiere el art. 1 del Ccom. cuando habla de habitualidad. Profesionalidad quiere decir también que la actividad se conoce en el exterior, es decir, que el empresario produce bienes y servicios para el mercado, para terceros, y que quien produce para sí mismo no es empresario.

Existe presunción de habitualidad cuando la persona que se proponga realizar una actividad empresarial anunciare por periódicos, circulares, carteles, rótulos expuestos al público, o de otro modo cualquiera, un establecimiento que tenga por objeto alguna operación mercantil (art. 3 Ccom.).

c) En tercer lugar, la actividad realizada por el empresario debe hacerse por cuenta propia y en nombre propio. De este modo se hace responsable de sus propios actos. Los administradores de una sociedad mercantil, los colaboradores del empresario, el tutor de un empresario menor de edad ejercen la actividad empresarial en nombre de otra persona y, por eso, no son empresarios. El empresario es la persona en cuyo nombre ejercen la actividad empresarial.

2.º Prohibiciones e incompatibilidades

Hay una serie de supuestos en los que se tiene capacidad para ser empresario, pero se tiene prohibido ejercer la actividad empresarial.

Las prohibiciones se dividen en absolutas o relativas. Las prohibiciones absolutas para realizar actividades empresariales en todo el territorio nacional se encuentran en leyes o disposiciones especiales como la Ley 3/2015, de 30 de marzo, reguladora del ejercicio del alto cargo de la Administración General del Estado. Las prohibiciones absolutas circunscritas solo al territorio en el que se desempeñan funciones incompatibles incluyen a los jueces, magistrados y determinados funcionarios públicos a los que se refiere el art. 14 del Ccom.

Las prohibiciones relativas afectan a empresarios individuales o sociales a quienes su normativa específica les exige dedicarse exclusivamente a una determinada actividad empresarial (entidades de crédito o de seguro). Dentro de las prohibiciones relativas, el Ccom. establece que el socio colectivo no puede dedicarse al mismo género de actividad que la que constituye el objeto de la sociedad colectiva o comanditaria de que fueren socios, al no existir pacto especial en contrario (art. 137 Ccom.).

Los administradores de una sociedad de capital no podrán dedicarse, por cuenta propia o ajena, al mismo, análogo o complementario género de actividad que constituya el objeto social, salvo autorización expresa de la sociedad, mediante acuerdo de la junta general (art. 230 LSC).

Los actos realizados por las personas sobre las que pesa cualquiera de estas prohibiciones son eficaces. Las consecuencias de su actuación son las sanciones administrativas en los casos de prohibiciones absolutas y las sanciones civiles en los casos de prohibiciones relativas (exclusión del socio colectivo, separación de los administradores).

Las personas que hayan sido inhabilitadas por sentencia firme conforme a la Ley Concursal, mientras no haya concluido el período de inhabilitación fijado en la sentencia de calificación del concurso, no tienen prohibida la actividad empresarial, sino que no tienen la capacidad necesaria para ejercitarla (art. 13.2 Ccom.).

1.3.2. El empresario persona jurídica

Al lado del empresario individual, el empresario social constituye el otro protagonista del Derecho mercantil. La importancia de las sociedades mercantiles hace que les dediquemos una parte del programa (temas 9-10). En este momento solo las presentamos.

Los empresarios sociales son personas jurídicas que cumplen los requisitos legales para ser empresarios mercantiles.

Las sociedades mercantiles son los empresarios sociales más difundidos. Existen diversos tipos de sociedades mercantiles como sociedades colectivas, sociedades comanditarias simples, sociedad limitada, sociedad anónima y sociedad comanditaria por acciones.

1.4.   La responsabilidad del empresario

El empresario, como cualquier otro sujeto, responde del cumplimiento de sus obligaciones legales, contractuales, cuasicontractuales o extracontractuales (art. 1089 CC) con todos sus bienes presentes y futuros (art. 1911 CC). Esta responsabilidad patrimonial universal se refiere tanto al empresario individual como al empresario social. Las sociedades responden de sus obligaciones con todo su patrimonio, independientemente de la forma jurídica elegida.

En algunas sociedades, además, en defecto del patrimonio social, responden subsidiariamente los socios con todos sus bienes presentes y futuros (sociedad colectiva, sociedad comanditaria simple). Si la sociedad es colectiva, los socios responden personal, ilimitada, subsidiaria y solidariamente de las deudas de la sociedad (arts. 127 y 137 Ccom.). Si la sociedad es comanditaria, solo responden de las deudas sociales los socios colectivos y no los comanditarios (art. 148 Ccom.).

Si la sociedad es limitada o anónima, los socios no responden personalmente de las deudas sociales. Hay autonomía entre el patrimonio personal de los socios y el patrimonio social a efectos de responsabilidad.

En el ejercicio de la actividad empresarial, los empresarios individuales y sociales quedan sometidos al sistema general de responsabilidad contractual. El principio de responsabilidad universal significa que todos los bienes, cosas y derechos que integren el patrimonio del empresario deudor o de la sociedad deudora quedan afectos al cumplimiento de las obligaciones. En caso de incumplimiento el acreedor puede dirigirse no solo contra los bienes que se encontraban en ese patrimonio en el momento en que se contrajo la obligación, sino también contra todos los que entren a formar parte de ese patrimonio con posterioridad.

Todo empresario responde del incumplimiento de las obligaciones contractuales conforme a los principios generales regulados en el CC.

El empresario responde frente a los acreedores no solo por la actividad propia, sino también de los daños causados por sus dependientes en el ejercicio de sus funciones (art. 1903 CC).

El incumplimiento del empresario deudor obliga a este a indemnizar los daños y perjuicios causados (art. 1101 CC), indemnización que será mayor o menor según exista dolo o simplemente culpa (art. 1107 CC).

Si la falta de cumplimiento es debida al caso fortuito o fuerza mayor (art. 1105 CC), no genera obligación de indemnizar, salvo que la ley lo establezca expresamente. Existen especialidades en caso de cumplimento tardío (mora) en el ámbito mercantil: a diferencia de la regla general aplicable en el Código Civil (art. 1100), los efectos de la mora se inician al día siguiente a su vencimiento, sin necesidad de interpelación del acreedor (art. 63.1 Ccom.).

Las operaciones comerciales que den lugar a la entrega de bienes o a la prestación de servicios realizadas entre empresas o entre empresas y la Administración pública se regulan con la intención de combatir la morosidad en el pago de deudas dinerarias y el abuso, en perjuicio del acreedor, en la fijación de los plazos de pago. En caso de falta de pago dentro del plazo estipulado por las partes (que no podrá exceder de 60 días naturales) o del establecido por la ley (30 días naturales), el deudor deberá pagar el interés de demora que se haya pactado, y, en defecto de pacto, se pagará un interés reforzado. Este interés reforzado es la suma del tipo de interés aplicado por el Banco Central Europeo a su más reciente operación principal de financiación efectuada antes del primer día del semestre natural de que se trate (que se publica en el *DOUE*) más ocho puntos porcentuales. Todo ello conforme a los artículos 4 a 7 de la Ley 3/2004, de 29 de diciembre, por la que se establecen medidas de lucha contra la morosidad en las operaciones comerciales.

En el régimen general de responsabilidad extracontractual, el empresario está obligado a reparar los daños que cause por sus acciones u omisiones dolosas o culposas fuera del ámbito contractual (art. 1902 CC).

Rige, por tanto, el principio de responsabilidad extracontractual por culpa. Sin embargo, en la jurisprudencia española es manifiesta la tendencia hacia la aplicación de una responsabilidad cuasi-objetiva. Este es un régimen general que se aplica a cualquier empresario y ante cualquier daño ocasionado, sea o no consumidor quien lo soporte.

Hay un régimen especial destinado a los fabricantes, importadores y proveedores de productos. Los productores serán responsables de los daños causados por los defectos de los productos que, respectivamente, fabriquen o importen (art. 135 del texto refundido de la Ley General de Defensa de los Consumidores y Usuarios). Si el productor no puede ser identificado, será considerado como tal el proveedor del producto. También responderá el proveedor de un producto importado, si no indica el nombre del importador, aun cuando se indique el nombre del fabricante (art. 138.2 TRLGDCU) y, por último, responderá el proveedor como si fuera el productor, cuando haya suministrado el producto a sabiendas de la existencia del defecto (art. 146 TRLGDCU).

El empresario está sometido a una responsabilidad adicional en caso de daños causados por defectos de los productos que, respectivamente, fabrique o importe (art. 135 TRLGDCU). La responsabilidad alcanza al proveedor en dos hipótesis. En primer término, cuando el productor no pueda ser identificado. En ese caso será considerado como tal el proveedor del producto, a menos que indique al dañado o perjudicado la identidad del productor o de quien le hubiera suministrado o facilitado a él dicho producto. Esta regla será de aplicación en el caso de un producto importado, si no indica el nombre del importador, aun cuando se indique el nombre del fabricante (art. 138.2 TRLGDCU). Responde, en segundo lugar, cuando haya suministrado el producto defectuoso a sabiendas de la existencia del defecto; si bien podrá ejercitar la acción de repetición contra el productor. Se trata de una responsabilidad objetiva, puesto que el perjudicado no tiene que probar la culpa del fabricante (art. 139 TRLGDCU). Pero no es absoluta porque el fabricante puede exonerarse de responsabilidad si prueba alguna de las circunstancias previstas en los arts. 128 y ss. TRLGDCU.

1.5. El emprendedor con responsabilidad limitada (ERL)

La Ley 14/2013, de 27 de septiembre, de apoyo a los Emprendedores y su Internacionalización (LAEI, en adelante) utiliza la palabra emprendedor para referirse a aquellas personas, físicas o jurídicas, que desarrollen una actividad económica empresarial o profesional (art. 3). Se incluye la figura de emprendedor de responsabilidad limitada (ERL), que permite que el emprendedor que sea persona física pueda limitar su responsabilidad por las deudas que traigan causa del ejercicio de dicha actividad empresarial o profesional (cap. II LAEI).

Así, el ERL es una persona física que ejerce una actividad económica o profesional en nombre y por cuenta propia y cuya responsabilidad patrimonial es ilimitada frente a terceros. Por excepción al artículo 1911 del Código Civil, los emprendedores de responsabilidad limitada pueden beneficiarse de la limitación de responsabilidad a la vivienda habitual del deudor siempre que su valor no supere los 300 000 euros y a los bienes de equipo productivo afectos a la explotación y los que los reemplacen debidamente identificados en el Registro de Bienes Muebles y con el límite del volumen de facturación agregado de los dos últimos ejercicios. Para adquirir la condición de ERL es necesaria la inscripción en el Registro Mercantil correspondiente a su domicilio. En dicha inscripción se deberán indicar los activos que no quedarán afectos a la responsabilidad empresarial. Será título para inmatricular al emprendedor de responsabilidad limitada el acta notarial que se presentará obligatoriamente por el notario de manera telemática en el mismo día o siguiente hábil al de su autorización en el Registro Mercantil o la instancia suscrita con la firma electrónica reconocida del empresario y remitida telemáticamente a dicho Registro. Para su oponibilidad a terceros, la no sujeción de la vivienda habitual o los bienes de equipo a las resultas del tráfico empresarial o profesional deberá inscribirse en el Registro de la Propiedad y en el Registro de Bienes Muebles, en la hoja abierta al bien. La regulación del ERL se encuentra en los artículos 7 a 11 de la LAEI.

1.6.   La responsabilidad del empresario casado y el régimen económico del matrimonio

1.6.1.   El régimen económico del matrimonio

El régimen económico del matrimonio es el conjunto de reglas que regulan las relaciones económicas entre los cónyuges durante el matrimonio. Los cónyuges pueden elegir el régimen económico que quieran si lo estipulan en capitulaciones matrimoniales (art. 1315 CC). Las capitulaciones matrimoniales pueden otorgarse antes o después de celebrado el matrimonio y deben constar en escritura pública ante notario e inscribirse en el Registro Civil y en el Registro de la Propiedad si afecta a bienes inmuebles (arts. 1326, 1327, 1333 CC). Cuando alguno de los otorgantes es empresario individual, además será oportuno publicar las capitulaciones matrimoniales en el Registro Mercantil (art. 19 y 22 Ccom).

Si no se pactan capitulaciones matrimoniales, existen diferentes tipos de régimen económico matrimonial, distinguiendo el régimen económico de derecho común, para el que se aplica el Código Civil, y el régimen económico de algunos territorios con derecho foral, como en Aragón se aplica el Código de Derecho Foral de Aragón (Decreto Legislativo 1/2011, de 22 de marzo, del Gobierno de Aragón).

El régimen económico aplicable depende de la vecindad civil de los cónyuges. Si ambos cónyuges tienen la misma vecindad civil se aplicará el régimen correspondiente a dicha vecindad civil (art. 9.2 CC). Si la vecindad civil es de derecho común se aplicará el Código Civil. En este caso, a falta de capitulaciones matrimoniales, el régimen será el de sociedad de gananciales (art. 1316 CC). Si los cónyuges tienen vecindad civil aragonesa, a falta de capitulaciones regirán las normas del consorcio conyugal (art. 193 del Código de Derecho Foral de Aragón).

El Código Civil, el Código Foral de Aragón y la Compilación del Derecho Civil Foral de Navarra prevén como régimen supletorio de primer grado un régimen de comunidad de bienes denominado sociedad de gananciales, consorcio conyugal y sociedad conyugal de conquistas respectivamente y como régimen supletorio de segundo grado el régimen de separación de bienes. Otros territorios forales establecen como régimen supletorio de primer grado el régimen de separación de bienes, como Cataluña y Baleares.

En derecho común, existen tres regímenes económicos: sociedad de gananciales, separación de bienes y régimen de participación.

a) Sociedad de gananciales: mediante este régimen se hacen comunes para los cónyuges las ganancias o beneficios obtenidos indistintamente por cualquiera de ellos, que les serán atribuidos por mitad al disolverse aquella (art. 1344 CC). Existen dos tipos de bienes, los bienes privativos y los bienes gananciales. Los bienes privativos pertenecen a cada uno de los cónyuges, considerándose privativos los bienes, animales y derechos que pertenezcan a cada cónyuge al comenzar la sociedad de gananciales y los que adquieran después a título gratuito, entre otros (art. 1346 CC).

Los bienes gananciales son los que los cónyuges obtienen por su trabajo y los intereses que produzcan tanto los bienes privativos como los gananciales, entre otros (art. 1347 CC).

b) Separación de bienes: este régimen económico se aplica a falta de capitulaciones matrimoniales para los cónyuges que tengan vecindad civil catalana. En este régimen, pertenecerán a cada cónyuge los bienes que tuviese al iniciar el mismo y cada cónyuge tiene la administración, goce y disposición de tales bienes (art. 1437 CC). Por tanto, no existe un patrimonio común.

c) Régimen de participación: en este régimen cada cónyuge conserva la propiedad de sus bienes, pero cada uno de los cónyuges adquiere derecho a participar en las ganancias obtenidas por su consorte durante el tiempo en que dicho régimen haya estado vigente (art. 1411 CC). Se calcula la diferencia entre el patrimonio inicial y el final de cada uno, y el cónyuge con mayor incremento debe compartirlo con el otro.

1.6.2. La responsabilidad del empresario casado

En el régimen de participación y en el de separación de bienes el empresario casado mantiene, tras el matrimonio, su patrimonio separado teniendo plena disponibilidad sobre sus bienes. En el régimen de gananciales coexisten los bienes privativos de cada uno de los cónyuges con los bienes gananciales. Si un empresario individual está casado en régimen de gananciales habrá que determinar con qué bienes responde frente a las obligaciones contraídas en el ejercicio de su actividad empresarial.

Tras la derogación de los artículos 6 a 12 del Ccom. por la Ley 16/2022 de reforma de la Ley Concursal queda el Derecho mercantil sin sus normas especiales a través de las cuales se podía limitar la responsabilidad del empresario casado a los bienes privativos del empresario y a los gananciales obtenidos por su actividad empresarial y debemos acudir a las normas de derecho común.

El Código Civil considera deudas gananciales y, por tanto, serán de cargo de la sociedad de gananciales, la explotación regular de los negocios o el desempeño de la profesión, arte u oficio de cada cónyuge (art. 1362.4.ª CC). Los bienes gananciales responderán directamente frente al acreedor de las deudas contraídas por un cónyuge en el ejercicio de la profesión, arte u oficio o en la administración ordinaria de los propios bienes (art. 1365.2.º CC). De este modo el empresario mercantil individual casado en régimen de sociedad de gananciales responderá, además de con sus bienes privativos, con todos los bienes gananciales del matrimonio, frente a los acreedores, de las deudas contraídas en la actividad empresarial. Para evitar esta situación, se pueden inscribir en el Registro Mercantil, en la hoja abierta a cada empresario individual, las capitulaciones matrimoniales formalizadas en escritura pública ante notario en donde se opta por el régimen de separación de bienes. También se puede inscribir la declaración del cónyuge del empresario de oposición a que los bienes gananciales no provenientes de la actividad empresarial queden vinculados a la responsabilidad patrimonial del empresario individual frente a terceros. Cualquier declaración que el cónyuge del empresario quiera realizar deberá formalizarse en escritura pública ante notario e inscribirse en el Registro Mercantil (art. 22 Ccom., 87.6.º RRM). El cónyuge del empresario está legitimado para solicitar la primera inscripción de este (art. 88.3 RRM) a los efectos de realizar la inscripción previa para posteriormente inscribir las capitulaciones matrimoniales o la declaración en documento público de qué bienes gananciales o privativos del cónyuge quedan afectos a la actividad empresarial.

En caso de concurso de persona casada, la masa activa comprenderá los bienes y derechos propios o privativos del concursado y, si el régimen económico del matrimonio fuese el de sociedad de gananciales, se incluirán en la masa, además, los bienes gananciales cuando deban responder de obligaciones del concursado (art. 193 Ley Concursal).

2. Los colaboradores del empresario

2.1. Nociones generales: la representación

La representación es una institución jurídica de gran importancia en la vida económica. A través del instituto de la representación, se consigue que los efectos de la actuación del representante recaigan sobre el patrimonio del representado.

Atendiendo al origen de la actuación representativa se diferencia entre representación voluntaria y representación legal (art. 1259 CC: «ninguno puede contratar a nombre de otro sin estar por este autorizado o sin que tenga por la ley su representación legal»).

En la representación voluntaria, el propio interesado designa libremente a otra persona para que actúe por su cuenta. Se denomina apoderamiento al acto por el que un sujeto designa a otro para que actúe como representante suyo.

En la representación legal, la ley es la que impone con carácter necesario la representación para suplir la falta o la limitación de la capacidad de obrar de un sujeto.

Junto con la representación voluntaria y legal, en el ámbito mercantil juega un papel destacado la denominada representación orgánica de las personas jurídicas. Las sociedades mercantiles, como personas jurídicas que son, necesitan valerse de órganos, es decir, contar con una estructura más o menos compleja según las formas sociales, con distintas esferas de competencia. Entre estos órganos figura el órgano de administración de la sociedad. La facultad de representar a la sociedad corresponde a ese órgano o a alguno de sus miembros.

2.2. La representación voluntaria en el Derecho mercantil

Al Derecho mercantil le interesa, especialmente, la relación existente entre el empresario y sus colaboradores en cuanto a las facultades que estos tienen reconocidas a los efectos de vincular con sus declaraciones de voluntad al empresario.

2.2.1. Los colaboradores dependientes: gerentes, dependientes y mancebos

El empresario necesita contar con terceros para el adecuado funcionamiento de su empresa. Ahora bien, la colaboración que el empresario recibe para el desarrollo de su actividad profesional puede revestir dos modos:

Colaboradores independientes*:* la colaboración se presta por extraños que se sitúan en una posición de independencia frente al empresario destinatario de aquella. La vinculación de estos colaboradores independientes con el empresario se articula a través de un contrato que se califica como mercantil ya que, precisamente, el colaborador independiente es un empresario cuya actividad empresarial consiste en prestar dicha colaboración.

Colaboradores dependientes: la colaboración se actúa por sujetos que prestan sus servicios dentro del establecimiento, de forma permanente y estable, y con una posición de dependencia o subordinación con respecto al empresario. En estos casos, atendido el carácter subordinado de la relación de colaboración, el contrato que vincula al colaborador con el empresario se califica como contrato de trabajo.

Dentro de los colaboradores dependientes del empresario han de distinguirse dos grandes grupos:

Trabajadores*:* su vinculación con el principal procede de un contrato de trabajo, que les lleva a prestar su colaboración dentro de los límites del establecimiento sin relación con terceros ajenos a la empresa.

Auxiliares del empresario: son colaboradores también vinculados con el empresario por un contrato de trabajo, pero que desarrollan una actividad exterior a la empresa, por lo que entablan relaciones contractuales con terceros, pero siempre por cuenta del empresario.

La distinción entre trabajadores y auxiliares no radica en el tipo de vinculación contractual con el principal, laboral en todo caso, sino en el poder de representación con que actúan los auxiliares, que pueden llevar a cabo actos y contratos que vinculan al empresario principal.

Dentro de los auxiliares del empresario se distingue, en atención al alcance del poder de representación que ostentan, entre: los apoderados generales, que el Ccom. denomina factores o gerentes y los apoderados singulares, que el Ccom. denomina dependientes o mancebos (arts. 281, 292 y 293 CCom.).

Los factores o gerentes son apoderados generales del empresario para todas las operaciones que conciernen a todo aquello que afecta al giro o tráfico de la empresa (arts. 281 y 283 Ccom.), por lo que no tienen la condición de empresario ni de administrador de la sociedad de capital.

El gerente debe tener la misma capacidad que el empresario por cuya cuenta actúa (arts. 4 y 282 Ccom.) y debe actuar dentro del ámbito del poder de representación que le ha conferido el empresario. Este apoderamiento debe ser de carácter general (art. 281 Ccom.).

Lo habitual en la actuación del gerente es que actúe en el tráfico expresando su calidad de tal y, por tanto, manifestando su calidad de representante del empresario por cuya cuenta actúe y lo hace «con poder o en nombre de la persona o sociedad» que representa (art. 284 Ccom.). En este supuesto las obligaciones y resultas de los actos concluidos por el factor en nombre y por cuenta de su principal recaen sobre este último directamente (art. 285 Ccom.).

Ahora bien, también cabe que el gerente actúe por cuenta del empresario, pero en nombre propio. En este caso de representación indirecta, el tercero puede dirigir su acción bien contra el empresario, puesto que el factor actuó por su cuenta, o bien contra el factor (arts. 286 y 287 Ccom.).

El poder de representación del factor puede inscribirse en el Registro Mercantil, factor inscrito, o bien su existencia puede hacerse patente a través de la mera actuación del factor en representación del empresario por cuya cuenta actúa; en este caso, se dice que el factor tiene carácter notorio.

En caso de que se modifique el poder de representación del gerente, debe darse a tal modificación la misma publicidad que al apoderamiento concedido si se quiere hacer oponibles a terceros tal modificación.

En lo que a la duración del poder de representación se refiere, el poder estará vigente por el tiempo que las partes hubieran acordado. En caso de silencio, la regla general es la de que el poder subsista en tanto en cuanto no se revoque. El Ccom. establece, no obstante, que el fallecimiento del principal no es causa de revocación del poder del factor (art. 290 Ccom.).

La relación laboral entre el empresario y el gerente constituye una relación especial «de alta dirección» sometida a lo establecido por el RD 1382/1985, de 1 de agosto, por el que se regula la relación laboral de carácter especial del personal de alta dirección. La principal obligación que asume el gerente es la de desempeñar las funciones comerciales que le han sido encomendadas con la diligencia exigible a un ordenado empresario y representante leal, y los gerentes serán responsables frente al empresario de cualquier perjuicio que causen a sus intereses por haber procedido en el desempeño de sus funciones con malicia, negligencia o infracción de las órdenes o instrucciones que hubieren recibido (art. 297 Ccom.). El gerente no podrá competir con el empresario durante el contrato, salvo autorización expresa del empresario (art. 288 Ccom.). Puede haber un pacto de no concurrencia para después de extinguido el contrato de trabajo, que no puede ser superior a dos años, siempre que el empresario tenga un efectivo interés industrial o comercial en ello y que se satisfaga al alto directivo una compensación económica adecuada (art. 8 RD 1382/1985).

Los apoderados singulares tienen las facultades para realizar las operaciones propias de una parte o rama del negocio (art. 292 Ccom.).

2.2.2. Los colaboradores independientes: agentes comerciales

Son colaboradores independientes, ya que tienen autonomía de gestión y soportan el riesgo de su actividad empresarial. Así sucede con los agentes comerciales que, de manera estable, promueven la contratación por cuenta de su principal o contratan por su cuenta y en su nombre a cambio de una retribución (art. 1 de la Ley del Contrato de Agencia de 27 de mayo de 1992).

3. El estatuto jurídico del empresario

3.1.   El deber de contabilidad

3.1.1. Obligación de llevar una contabilidad

Deber legal que recae sobre todo empresario, persona física o jurídica, y cualquiera que sea la dimensión de su empresa. Contabilidad que ha de ser ordenada y ha de permitir el seguimiento cronológico de todas sus operaciones, así como la elaboración periódica de balances e inventarios (art. 25 Ccom.). El empresario podrá llevar la contabilidad por sí, directamente, o por otras personas debidamente autorizadas, sin perjuicio de la responsabilidad del empresario.

El Ccom. y otras disposiciones complementarias imponen al empresario la obligación de llevar un conjunto de libros en que registrar los actos relativos a la marcha de su empresa.

Los libros que el empresario debe llevar, necesariamente y sin perjuicio de lo establecido en las leyes o disposiciones especiales, son un libro de Inventarios y Cuentas anuales y otro diario (art. 25 Ccom.).

El libro de Inventarios y Cuentas anuales se abre con el inventario detallado de iniciación de la empresa y se transcribirán en él, al menos trimestralmente, los balances de comprobación de sumas y saldos y anualmente el inventario de cierre del ejercicio y las cuentas anuales (art. 28.1 Ccom.).

El libro diario registra día a día todas las operaciones relativas al ejercicio de la empresa, si bien «será válida, sin embargo, la anotación conjunta de los totales de las operaciones por períodos no superiores al trimestre, a condición de que su detalle aparezca en otros libros o registros concordantes, de acuerdo con la naturaleza de la actividad de que se trate» (art. 28.2 Ccom.).

Otros libros obligatorios solo para algunos empresarios son el libro o libros de actas (art. 26 Ccom.), el libro registro de acciones nominativas para las sociedades anónimas y comanditarias por acciones que hayan emitido acciones nominativas (art. 116 LSC), el libro registro de socios en las sociedades de responsabilidad limitada (art. 104 LSC) y las sociedades unipersonales llevarán de forma obligatoria un libro registro donde se transcriben los contratos celebrados entre el socio único y la sociedad (art. 16 LSC).

Los empresarios deberán legalizar los libros obligatorios presentándolos en el Registro Mercantil del lugar donde tuvieren su domicilio, para que, antes de su utilización, se ponga en el primer folio de cada uno diligencia de los que tuviere el libro y, en todas las hojas de cada libro, el sello del Registro. En los supuestos de cambio de domicilio tendrá pleno valor la legalización efectuada por el Registro de origen (art. 27.1 Ccom.).

Será válida, sin embargo, la realización de asientos y anotaciones por cualquier procedimiento idóneo sobre hojas que después habrán de ser encuadernadas correlativamente para formar los libros obligatorios, los cuales serán legalizados antes de que transcurran los cuatro meses siguientes a la fecha de cierre del ejercicio. En cuanto al libro de actas, se estará a lo dispuesto en el Reglamento del Registro Mercantil (art. 27.2 Ccom.).

Lo dispuesto en los párrafos anteriores se aplicará al libro de registro de acciones nominativas en las sociedades anónimas y en comandita por acciones y al libro de registro de socios en las sociedades de responsabilidad limitada, que podrán llevarse por medios informáticos, de acuerdo con lo que se disponga reglamentariamente (art. 27.3 Ccom.).

Cada Registro Mercantil llevará un libro de legalizaciones (art. 27.4 Ccom.).

La LAEI establece que todos los libros que obligatoriamente deban llevar los empresarios con arreglo a las disposiciones legales aplicables, incluidos los libros de actas de juntas y demás órganos colegiados, o los libros de registros de socios y de acciones nominativas, se legalizarán telemáticamente en el Registro Mercantil después de su cumplimentación en soporte electrónico y antes de que trascurran cuatro meses siguientes a la fecha del cierre del ejercicio (art. 18, Instrucción de 12 de febrero de 2015, de la Dirección General de Seguridad Jurídica y Fe Pública, sobre legalización de libros de los empresarios).

Los empresarios tienen la obligación de conservar los libros, correspondencia, documentación y justificantes concernientes a su negocio, debidamente ordenados, durante seis años, a partir del último asiento realizado en los libros, salvo lo que se establezca por disposiciones generales o especiales (art. 30.1 Ccom.).

El cese del empresario en el ejercicio de sus actividades no le exime del deber a que se refiere el párrafo anterior y si hubiese fallecido recaerá sobre sus herederos. En caso de disolución de sociedades, serán sus liquidadores los obligados a cumplir lo prevenido en dicho párrafo (art. 30.2 Ccom.).

3.1.2. El secreto de la contabilidad del empresario

La contabilidad informa sobre la actividad del empresario, de ahí su carácter secreto, que se quiebra cuando el ordenamiento jurídico reconoce la primacía de un interés superior, declarando que es secreta «sin perjuicio de lo que se derive de lo dispuesto en las Leyes» (art. 32 Ccom.).

El secreto de la contabilidad se basaba originariamente en que la contabilidad solo era de interés para el empresario. Hoy en día, los terceros, los acreedores, el Estado, los socios, los trabajadores tienen interés en estar informados de la situación de la empresa.

La LSC obliga a las sociedades de capital (S. R. L., S. A., Sociedad comanditaria por accione a depositar las cuentas anuales en el Registro Mercantil para dar publicidad de su situación económica y financiera permitiendo a los terceros a acceder a dicha información.

Es obligación de los administradores presentar las cuentas anuales para su depósito al mes siguiente a su aprobación. Debe presentarse para su depósito certificación de los acuerdos de la junta general de aprobación de las cuentas anuales y de aplicación del resultado, así como, en su caso, de las cuentas consolidadas, a las que se adjuntará un ejemplar de cada una de dichas cuentas. Los administradores presentarán, también, si fuera obligatorio, el informe de gestión y el informe del auditor, cuando la sociedad esté obligada a auditoría o esta se hubiera acordado a petición de la minoría. Si alguno o varios de los documentos que integran las cuentas anuales se hubieran formulado de forma abreviada, se hará constar así en la certificación, con expresión de la causa (art. 279 LSC). Los registradores deberán conservar las cuentas anuales y los documentos complementarios depositados en el Registro Mercantil durante seis años a contar desde la publicación del anuncio del depósito en el *BORME* (art. 280 LSC).

La presentación de las cuentas anuales se puede efectuar de forma telemática, en papel o en CD o DVD. Para la presentación telemática hay que seguir los trámites indicados en «https://www.registradores.org».

El incumplimiento de la obligación de depósito puede dar lugar a dos sanciones de particular relevancia. En primer término, una multa administrativa, que impondrá el Instituto de Contabilidad y Auditoría de Cuentas (ICAC), previa instrucción de expediente (art. 283 LSC). En segundo lugar, el incumplimiento por el órgano de administración de la obligación de depositar, dentro del plazo establecido, da lugar al cierre del registro. Se exceptúan los títulos relativos al cese o dimisión de administradores, directores generales o liquidadores, y a la revocación o renuncia de poderes, así como a la disolución de la sociedad y al nombramiento de liquidadores y a los asientos ordenados por la autoridad judicial o administrativa (art. 282 LSC). La publicación del depósito se realiza a través de anuncio en el *BORME*. Los registradores mercantiles territoriales remitirán al Registro Mercantil Central una relación alfabética de las sociedades que hayan cumplido en debida forma, durante el mes anterior, la obligación de depósito (art. 370 RRM).

Los Registros Mercantiles tienen la obligación de informar a la Dirección General de Seguridad Jurídica y Fe Pública, y esta a su vez al ICAC, de las sociedades que incumplen el deber de depositar en plazo las cuentas anuales (art. 371 RRM).

3.1.3. Valoración de la contabilidad como medio de prueba

El valor probatorio de los libros de los empresarios y demás documentos contables será apreciado por los tribunales conforme a las reglas generales del Derecho (art. 31 Ccom.).

3.1.4. La auditoría o verificación contable

La auditoría de cuentas se basa en la revisión y verificación de las cuentas anuales, así como de otros estados financieros o documentos contables (art. 1.2 LAC). El informe que debe realizar el auditor verifica y dictamina que los libros de contabilidad de una empresa son veraces y no hay fraudes. Asegura que la contabilidad cuenta con un respaldo documental y que se ha confeccionado con arreglo a los criterios y normas contables dirigidas a obtener la imagen fiel. La auditoría encuentra su justificación en la protección de los usuarios externos de la contabilidad. Debe realizarse por un auditor de cuentas o una sociedad de auditoría quienes deben emitir un informe siguiendo los requisitos y formalidades que la ley prevé (art. 1.3 LAC).

La auditoría de cuentas es para las sociedades de capital que no puedan presentar cuentas anuales abreviadas (art. 263 LSC). Las sociedades que podrán presentar balance abreviado son aquellas que durante dos ejercicios consecutivos cumplan, a fecha de cierre de cada uno de ellos, dos de los tres requisitos siguientes: que el número medio de trabajadores sea menor de cincuenta, que el total de las partidas de activo sea menor de cuatro millones de euros y que el importe neto de su cifra anual de negocios no supere los ocho millones de euros (art. 257 LSC).

La actividad de auditoría se regula por la Ley 22/2015, de 20 de julio, de Auditoría de Cuentas. De estas disposiciones resultan los requisitos para el ejercicio de la auditoría de cuentas, cómo debe desarrollarse y el régimen de infracciones y sanciones.

3.2.   El deber de publicidad legal. El Registro Mercantil

3.2.1. Introducción

Todo empresario tiene la obligación de utilizar el Registro Mercantil como medio de publicidad. Este registro se articula en torno al sistema de folio personal, excluyéndose cualquier supuesto de folio real (art. 3 RRM).

Para que la información contenida en el registro sea accesible, el Registro Mercantil es público (art. 23.1 CCom). El Registro Mercantil territorial podrá hacer público el contenido de los asientos del registro mediante certificación, nota simple o terminal de ordenador (arts. 77, 78 y 79 RRM). A través del portal de Internet («www.registradores.org») o de los distintos Registros Mercantiles territoriales («www.registromercantilzaragoza.es») podemos solicitar y obtener información. Para facilitar el acceso a la información registral, los empresarios sujetos a inscripción obligatoria deben hacer constar en su documentación y correspondencia «los datos indicadores de su inscripción en el Registro Mercantil», pudiendo llegar a ser sancionados en caso de no procederse de este modo (art. 34 Ccom).

3.2.2. El Registro Mercantil

3.2.2.1. Organización y funciones

La organización del Registro Mercantil, integrada por los Registros Mercantiles territoriales y por el Registro Mercantil Central, se halla bajo la dependencia del Ministerio de Justicia. Todos los asuntos relativos al Registro Mercantil estarán encomendados a la Dirección General de Seguridad Jurídica y Fe Pública (art. 1 RRM).

3.2.2.2. Registros Mercantiles territoriales

Los Registros Mercantiles estarán establecidos en todas las capitales de provincia, además de en otras ciudades (arts. 17.2 Ccom. y 16 RRM).

Entre las funciones del Registro Mercantil territorial existe una función principal que es la de asegurar la publicidad legal, ocupándose de la práctica de las inscripciones en su demarcación territorial. Por tanto, tiene competencia para proceder a la inscripción de los empresarios y demás sujetos establecidos por la ley y de los actos y contratos relativos a los mismos que determinen la ley y el RRM.

El Registro Mercantil tiene competencia sobre otras funciones auxiliares como la legalización de libros de cuentas, la designación de expertos independientes y auditores, y el depósito y la publicidad de los documentos contables (art. 2 RRM).

También, se ocupa de centralizar la información registral y la información de las resoluciones concursales para remitírsela al Registro Mercantil Central que llevará a cabo la publicación. El registrador mercantil correspondiente al lugar del domicilio del concursado gestionará el tratamiento de los datos y su remisión al Registro Mercantil Central (art. 2 RRM).

3.2.2.3. Registro Mercantil Central

El Registro Mercantil Central estará establecido en Madrid (art. 17.3 Ccom.). Entre las funciones del Registro Mercantil Central destacan:

> a) La ordenación, tratamiento y publicidad meramente informativa de los datos que reciba de los Registros Mercantiles como la información registral y la información de las resoluciones registrales.

> b) El archivo y la publicidad de las denominaciones de sociedades. La solicitud de certificación de denominación social, o las de modificación o renovación, se pueden realizar en las oficinas del Registro Mercantil

Central, por correo o mensajería o a través de la página web «www.rmc.es».

c) La publicación electrónica del *Boletín Oficial del Registro Mercantil (BORME)*.

3.2.3. Sujetos y actos sometidos a inscripción

El Registro Mercantil tiene por objeto la inscripción, tanto de los empresarios individuales como de las sociedades mercantiles, entre otros (v. art. 16 Ccom.). La inscripción del empresario individual es potestativa, es decir, no es obligatoria su inscripción. Ahora bien, el empresario no inscrito no podrá pedir la inscripción de ningún documento en el Registro Mercantil como un poder o unas capitulaciones matrimoniales (art. 19 Ccom.).

Sin embargo, la inscripción de la sociedad mercantil es obligatoria. Una sociedad no inscrita no tiene personalidad jurídica (veáse tema 9).

Por la incidencia que tiene la inscripción sobre la oponibilidad de los actos susceptibles de acceder al Registro, debe distinguirse entre actos de inscripción declarativa y actos de inscripción constitutiva.

3.2.4. Los principios registrales mercantiles

En el proceso de inscripción en el Registro Mercantil se deben seguir los siguientes principios registrales: principio de titulación pública, tracto sucesivo, prioridad, obligatoriedad de la inscripción, legalidad y legitimidad.

El principio de titulación pública es aquel por el que la inscripción en el Registro Mercantil se practicará en virtud de documento público. Solo podrá practicarse en virtud de documento privado en los casos expresamente prevenidos en las leyes y en el Reglamento del Registro Mercantil (arts. 18.1 Ccom. y 5 RRM).

El principio de tracto sucesivo consiste en que, para inscribir actos o contratos relativos a un sujeto inscribible, será precisa la previa inscripción del sujeto (art. 11 RRM). No puede inscribirse nada si previamente no se ha inscrito el empresario. En el supuesto de la inscripción potestativa del empresario individual, el Ccom. impide la inscripción de ningún documento en el Registro Mercantil ni aprovecharse de sus efectos legales (art. 19.1 *in fine*).

El principio de prioridad establece que, inscrito cualquier título en el Registro Mercantil, no podrá inscribirse ningún otro de igual o anterior fecha que resulte opuesto o incompatible con él. Del mismo modo, será preferente sobre los otros el documento que acceda primero al Registro, por ello el registrador deberá practicar los registros según el orden de presentación (art. 10 RRM).

El principio de obligatoriedad exige la inscripción de todos los actos y sujetos inscribibles en el Registro Mercantil (arts. 16.1 y 19.1 Ccom. y arts. 4 y 81 RRM).

Existe una importante excepción legal: la inscripción del empresario individual tiene carácter potestativo (art. 19.1 Ccom.). Ahora bien, no cabe la inscripción de ningún acto sin la previa inmatriculación del empresario (art. 19.1, 2.º parr. Ccom.).

El principio de legalidad consiste en que lo que se pretende inscribir sea conforme a la ley. Esta adecuación a la ley se realiza a través de dos vías de control, la autorización notarial y la calificación registral. Los notarios deben autorizar o intervenir los documentos conforme a lo dispuesto en las leyes o sus reglamentos. Los registradores calificarán bajo su responsabilidad la legalidad de las formas extrínsecas de los documentos de toda clase en cuya virtud se solicita la inscripción, así como la capacidad y legitimación de los que los otorguen o suscriban y la validez de su contenido, por lo que resulta de ellos y de los asientos del Registro (arts. 18.2 Ccom. y 6 RRM).

El principio de legitimación presume que los contenidos registrales son exactos y válidos (arts. 20.1 Ccom. y 7 RRM).

Pese a ello es posible impugnar el contenido de lo inscrito en caso de ser inexacto: la impugnación ha de ser judicial y, de tener éxito, no afectará a situaciones jurídicas consolidadas en virtud del contenido registral (art. 20.2 Ccom.).

Tema 7. Derecho de la competencia y de la propiedad industrial

1. Introducción al mercado y la competencia. 1.1. El mercado. 1.2. Tipos de competencia en el entorno económico. 2. El Derecho protector de la libre competencia. Finalidad y principios 2.1. Fundamento. 2.2. Fuentes. 2.3. Autoridades de defensa de la competencia. 3. Derecho protector de la libre competencia. Conductas prohibidas y control de concentraciones. 3.1. Cárteles y prácticas concertadas. 3.2. Abuso de posición dominante. 3.3. Control de concentraciones. 3.4. Conductas y prácticas contrarias a la libre competencia. Régimen sancionador. 4. La competencia desleal en el ámbito empresarial. 4.1. Justificación. 4.2. Conductas desleales. Tipos. 5. Marcas. 5.1. Concepto. 5.2. ¿Qué puede registrarse como marca? 5.3. Derechos del titular de la marca. 5.4. La marca como objeto de negocios jurídicos. Transmisión y licencia (arts. 46 y ss. LM). 5.5. Protección de la marca. 5.6. Marca renombrada. 5.7. Caducidad de la marca. 5.8. Marca de la Unión Europea (Marca comunitaria). 5.9. Protección internacional de la marca. 5.10. Marcas colectivas y marcas de garantía. 6. Patentes. 6.1. Concepto. 6.2. Requisitos para patentar una invención. 6.3. Derechos del titular de la patente. 6.4. Cesión y licencia de patente. 6.5. Protección de la patente.

1. Introducción al mercado y la competencia

1.1. El mercado

El mercado es un concepto fundamental en economía y *marketing* que se refiere al conjunto de individuos, organizaciones o entidades que presentan una necesidad, deseo o interés común susceptible de ser satisfecho mediante el intercambio de bienes o servicios. Para que este intercambio sea posible, no basta con la existencia del deseo o necesidad: se requiere que los participantes del mercado tengan capacidad adquisitiva (poder de compra) y estén dispuestos a realizar la transacción.

Desde la óptica del *marketing*, el mercado no se concibe simplemente como un espacio físico o abstracto donde confluyen oferta y demanda, sino como un conjunto dinámico de relaciones entre consumidores y empresas que interactúan en un marco legal, tecnológico y cultural. La clave está en comprender cómo se comportan los consumidores, cómo evolucionan sus preferencias y cómo pueden satisfacerse esas necesidades de forma rentable y ética.

Tipologías de mercado:

En *marketing* y análisis comercial se distinguen distintas tipologías de mercado, entre las que destacan:

- Mercado potencial: totalidad de consumidores que podrían estar interesados en un producto o servicio, aunque aún no lo hayan demandado.
- Mercado objetivo o meta: segmento específico al que se dirige una empresa con su oferta, definido mediante técnicas de segmentación (demográfica, psicográfica, conductual, etc.).
- Mercado real o efectivo: grupo de consumidores que actualmente adquieren un producto o servicio.
- Mercado total: suma del mercado potencial, objetivo y real.

Componentes fundamentales del análisis de mercado en *marketing*:

- Demanda: cantidad de bienes o servicios que los consumidores están dispuestos a adquirir a un precio determinado y en un período concreto.
- Segmentación: proceso de dividir el mercado en grupos más homogéneos de consumidores, para adaptar la estrategia comercial a cada segmento.
- Targeting (selección del mercado objetivo): decisión estratégica de a qué segmento o segmentos se dirigirá la oferta.
- Posicionamiento: Estrategia destinada a situar un producto o marca en la mente del consumidor de forma clara, diferenciada y valorada frente a la competencia.

Relevancia jurídica y normativa:

Aunque el concepto de mercado se desarrolla principalmente desde la perspectiva económica-empresarial, tiene también implicaciones jurídicas. El Derecho de la competencia, tanto nacional como de la Unión Europea, utiliza el concepto de mercado relevante (definido geográfica y materialmente) como parámetro para determinar si una conducta empresarial puede considerarse restrictiva de la libre competencia (por ejemplo, abuso de posición dominante en un mercado determinado).

En efecto, la noción de mercado relevante desempeña un papel esencial en el Derecho de la competencia, ya que permite delimitar el marco dentro del cual se valora si una conducta empresarial puede restringir de forma significativa la competencia.

El concepto de mercado relevante se articula en dos dimensiones: por un lado, el mercado de producto relevante, que abarca el conjunto de productos o servicios que los consumidores consideran intercambiables o sustituibles entre sí por razón de sus características, precios y usos previstos; y por otro lado, el mercado geográfico relevante, que comprende el área en la que las condiciones de competencia son suficientemente homogéneas y que puede distinguirse de otras zonas por presentar condiciones apreciablemente diferentes.

La Comisión Europea, en su Comunicación sobre la definición del mercado relevante a efectos del Derecho comunitario de la competencia (97/C 372/03), ha establecido la metodología para definir estos mercados. En particular, destaca el uso del test del pequeño pero significativo y no transitorio aumento del precio (SSNIP test), que consiste en analizar si los consumidores cambiarían a productos alternativos en caso de que el producto en cuestión experimentara un aumento de precio del 5 al 10 %. Este análisis permite valorar la sustituibilidad desde la demanda, que constituye el criterio fundamental. También se contempla la sustituibilidad desde la oferta, esto es, si los productores pueden pasar a fabricar productos sustitutivos en un plazo breve y sin costes excesivos.

La jurisprudencia del Tribunal de Justicia de la Unión Europea ha sido clave en la configuración del concepto. En particular, la sentencia United Brands (asunto 27/76) introdujo criterios como la fidelidad de la clientela, las barreras a la entrada y la sustituibilidad de los productos, aportando una visión económica al análisis del mercado relevante. Posteriormente, la sentencia Post Danmark I (C-209/10) reafirmó que cualquier evaluación de una posible posición dominante o de efectos anticompetitivos debe partir de una definición rigurosa del mercado.

Otros elementos que pueden influir en la delimitación del mercado geográfico son los costes de transporte, las barreras normativas, las preferencias de los consumidores y las condiciones de acceso al mercado. La homogeneidad de estas condiciones en una determinada zona justifica su tratamiento como mercado único desde la perspectiva competitiva.

Definir adecuadamente el mercado relevante resulta determinante para valorar si una empresa ostenta posición dominante, si una operación de concentración empresarial puede alterar significativamente la estructura competitiva del mercado, o si un acuerdo entre empresas tiene potencial para restringir la competencia de forma apreciable. Se trata, en suma, de un concepto instrumental que debe aplicarse con base en un análisis empírico y técnico, adaptado al sector económico y a la estructura competitiva concretos.

1.2.   Tipos de competencia en el entorno económico

El concepto de competencia alude a la situación en la que varias empresas rivalizan entre sí para captar y retener la preferencia del consumidor, mediante la oferta de bienes o servicios que satisfacen las mismas o similares necesidades. Esta competencia puede adoptar múltiples formas y niveles, dependiendo de la estructura del mercado, la naturaleza de los productos y la estrategia de los agentes económicos.

Desde el punto de vista del *marketing*, entender el tipo de competencia existente en un mercado es fundamental para diseñar estrategias de diferenciación, fijación de precios, comunicación y distribución.

Tipos de competencia según la relación entre las ofertas:

1. Competencia directa
   o Se da entre empresas que ofrecen productos o servicios idénticos o muy similares destinados al mismo segmento de consumidores.
   o Ejemplo: Coca-Cola vs. Pepsi; Burger King vs. McDonald's.
   o La competencia directa exige estrategias de diferenciación claras y campañas publicitarias agresivas para ganar cuota de mercado.
2. Competencia indirecta
   o Entre empresas cuyos productos no son idénticos, pero satisfacen la misma necesidad del consumidor.
   o Ejemplo: una pizzería compite indirectamente con una cadena de comida rápida que vende bocadillos o kebabs.
   o Esta forma de competencia suele analizarse en términos de sustitución funcional y hábitos de consumo.

3. Competencia potencial
   o Se refiere a empresas que todavía no están presentes en un mercado, pero que podrían entrar y alterar el equilibrio competitivo.
   o Tiene especial relevancia en sectores con barreras de entrada bajas o mercados emergentes.
   o El análisis de competencia potencial es clave para prever amenazas a medio plazo y para decidir sobre estrategias de fidelización.
4. Competencia genérica o total
   o Engloba todas las alternativas disponibles para que el consumidor emplee su presupuesto: cualquier producto o servicio puede competir en tanto en cuanto implica una decisión de gasto.
   o Ejemplo: un consumidor que decide entre ir al cine, cenar fuera o comprar un videojuego.

Tipos de competencia según la estructura del mercado (visión económica):

1. Competencia perfecta
   o Características: muchos vendedores y compradores, productos homogéneos, información perfecta, libertad de entrada y salida.
   o Es un modelo teórico, útil como referencia, pero rara vez se da en la realidad.
   o Implicación para el *marketing*: escasa capacidad de diferenciación y poder de mercado nulo.
2. Monopolio
   o Una única empresa domina el mercado sin competencia directa.
   o Puede surgir por control exclusivo de un recurso, concesiones legales o patentes.
   o En estos casos, la estrategia se enfoca en mantener barreras de entrada y legitimidad institucional.
   o Regulado por el Derecho de la competencia para evitar abusos (art. 2 LDC; art. 102 TFUE).
3. Oligopolio
   o Pocos competidores con fuerte influencia en el mercado.
   o Elevada interdependencia entre competidores, lo que puede favorecer acuerdos tácitos o cárteles (prohibidos legalmente: art. 1 LDC; art. 101 TFUE).
   o Ejemplo: el sector de la telefonía móvil o el automovilístico.

o   Relevancia estratégica del benchmarking y la innovación incremental.

Relevancia para la estrategia de *marketing*:

El tipo de competencia condiciona la intensidad competitiva, las barreras de entrada, el poder de negociación y la libertad estratégica. Por ello, las empresas deben identificar con precisión a sus competidores reales y potenciales, y evaluar sus capacidades relativas para anticipar movimientos y responder adecuadamente.

Herramientas como el análisis de las cinco fuerzas de Porter, el mapa de posicionamiento y los estudios de *benchmarking* permiten entender mejor el entorno competitivo.

2.   El Derecho protector de la libre competencia. Finalidad y principios

2.1.   Fundamentos

La competencia es un bien jurídico que el Derecho tutela desde dos planos. El de la libre competencia y el de la lealtad de las prácticas competitivas. Las normas protectoras de la libre competencia en los mercados prohíben y someten a control los comportamientos de los operadores económicos que atentan contra la competencia en el mercado. Las normas protectoras de la lealtad en el tráfico prohíben las conductas que atentan contra la corrección de la actuación de los operadores económicos en el tráfico.

El Derecho protector de la libre competencia constituye un pilar esencial para el correcto funcionamiento del mercado. Su conocimiento no solo es relevante para los juristas, sino, asimismo, para los profesionales del *marketing*, quienes deben operar en un marco en que la estrategia comercial se subordine a las reglas del juego limpio. La colaboración con departamentos legales y la vigilancia del entorno normativo son prácticas imprescindibles para evitar riesgos reputacionales y sanciones económicas.

El Derecho protector de la libre competencia (también denominado *antitrust* en la tradición anglosajona) tiene como objetivo garantizar la existencia de una competencia efectiva en los mercados en beneficio de los consumidores y de una eficiente asignación de recursos. Se trata de asegurar, en este sentido, que los operadores económicos compitan en términos de «mérito y capacidad».

Desde los postulados del Derecho *antitrust,* competir en términos de «mérito y capacidad» implica que los operadores económicos deben medirse en el mercado en función de la calidad de sus productos o servicios, la eficiencia de sus procesos, la innovación o el valor añadido que ofrecen. Evitando, por tanto, incurrir en conductas anticompetitivas, infracciones, merecedoras de sanción administrativa. En este sentido, el Derecho de la competencia —tanto a nivel nacional como de la Unión Europea— protege un modelo de mercado en el que los agentes económicos puedan desplegar sus iniciativas en condiciones equitativas, sin verse desplazadas o distorsionadas por prácticas colusivas o abusivas.

A través de las normas protectoras de la libre competencia no se pretende impedir el éxito de las iniciativas profesionales y empresarios. Se busca asegurar que el éxito que se alcance se construya precisamente sobre bases de mérito profesional o empresarial en un entorno competitivo justo. Asegurar este objetivo demanda equidad institucional a los efectos de asegurar, entre otros extremos, el libre acceso al mercado y a las oportunidades públicas, pero, también, han de prevenirse las prácticas colusorias y de abuso de posición de dominio en el mercado.

Finalidades del Derecho de la competencia:

- Proteger el proceso competitivo, no a competidores individuales.
- Fomentar la eficiencia, la innovación y el bienestar del consumidor.
- Evitar distorsiones como el abuso de posición dominante, cárteles o concentraciones restrictivas.

Fundamentos normativos:

- Artículo 38 de la Constitución Española: reconoce la libertad de empresa en el marco de una economía de mercado, lo que exige un entorno competitivo real.

- Artículos 101 y 102 del Tratado de Funcionamiento de la Unión Europea (TFUE): forman el núcleo del Derecho europeo de la competencia.
- Ley 15/2007, de 3 de julio, de Defensa de la Competencia (LDC): norma básica a efectos de la protección de la libre competencia en el ordenamiento español.

2.2.   Fuentes

Derecho nacional:

- Ley 15/2007, de Defensa de la Competencia (LDC).
  - Art. 1 LDC: prohíbe acuerdos y prácticas concertadas que falseen la competencia.
  - Art. 2 LDC: prohíbe el abuso de posición dominante.
  - Arts. 8 y ss. LDC: regulan el control de concentraciones.
- Normas complementarias:
  - Ley 3/2013, de creación de la CNMC (Comisión Nacional de los Mercados y la Competencia).
  - Normas de desarrollo (Reglamento de Defensa de la Competencia, RD 261/2008).

Derecho de la Unión Europea:

- Artículos 101 y 102 TFUE:
  - Art. 101.1: prohíbe acuerdos que restrinjan la competencia.
  - Art. 101.3: prevé exenciones si los acuerdos mejoran la producción o distribución y benefician a los consumidores.
  - Art. 102: prohíbe el abuso de posición dominante.

Casos europeos representativos:

- Hoffmann-La Roche v. Comisión (1979, asunto 85/76): se condenó a una farmacéutica por utilizar acuerdos de exclusividad como instrumento de abuso de posición dominante.
- Intel (TJUE, Sentencia de 6 de septiembre de 2017, asunto C-413/14 P): se revisa el análisis económico del abuso en los descuentos de fidelización.

2.3.   Autoridades de defensa de la competencia

A. Comisión Nacional de los Mercados y la Competencia (CNMC):

- Órgano español independiente con competencias en defensa de la competencia y supervisión de mercados regulados.
- Actúa de oficio o por denuncia. Puede:
    - Investigar prácticas prohibidas.
    - Imponer multas (hasta el 10 % del volumen de negocio).
    - Controlar concentraciones económicas.
- Referencia normativa: Ley 3/2013, de 4 de junio, de creación de la CNMC.

B. Órganos autonómicos de defensa de la competencia

- La Ley de Defensa de la Competencia equipara a las autoridades autonómicas de defensa de la competencia a la autoridad nacional, si bien en relación a las prácticas prohibidas que producen sus efectos en un ámbito territorial autonómico.
- Se les reconoce la competencia para la emisión de los preceptivos informes sobre la apertura de grandes establecimientos comerciales en aquellos casos en que los efectos de su instalación tengan lugar únicamente en el ámbito autonómico.

C. Comisión Europea:

- Competente en casos de dimensión supranacional o con efecto en el mercado interior de la UE.
- Dispone de poderes de inspección, decisión y sanción.
- Puede imponer multas de hasta el 10 % del volumen de negocio mundial.

3.   Derecho protector de la libre competencia. Conductas prohibidas y control de concentraciones

3.1.   Cárteles y prácticas concertadas

El Derecho protector de la libre competencia tiene como finalidad evitar comportamientos empresariales que distorsionen el funcionamiento eficiente del mercado. Esto se logra principalmente a través de tres grandes ejes normativos:

1. Prohibición de acuerdos y prácticas colusorias (cárteles y prácticas concertadas).
2. Prohibición del abuso de posición dominante.
3. Control de concentraciones económicas.

Estas conductas se encuentran recogidas tanto en la Ley de Defensa de la Competencia española (Ley 15/2007) como en el Derecho de la Unión Europea (artículos 101 y 102 del TFUE).

Cárteles y prácticas concertadas. Base jurídica:

- Artículo 1 LDC (España).
- Artículo 101 TFUE (UE).

Se prohíben los acuerdos, decisiones o prácticas concertadas entre empresas que tengan por objeto o efecto impedir, restringir o falsear la competencia.

Ejemplos de conductas:

- Fijación de precios.
- Reparto de mercados o clientes.
- Limitación de la producción.
- Coordinación de licitaciones.

Casos representativos:

España:

- Cártel «pañales para adultos» (Resolución de la CNMC de 26 de mayo de 2016, expte. S/DC/0504/14 AIO): sanción de 128,8 millones de euros a ocho fabricantes de pañales para adultos, a su asociación y a dos directivos por formar un cártel (<https://www.cnmc.es/sites/default/files/2834797_1.pdf/ Sentencia estimación firme https://www.cnmc.es/sites/default/files/5397646.pdf>) .

- Caso «Cártel de los camiones» (Decisión de la Comisión de 19 de julio de 2016 (asunto AT.3982 – Camiones). Daimler, Volvo-Renault, Iveco y DAF sancionadas por coordinar precios durante 14 años. Multa total: 2.930 millones € (<https://eur-lex.europa.eu/legalcontent/ES/TXT/PDF/?uri=CELEX:52017XC0406(01)&from=ES>).

Relevancia para el *marketing*:

- Los departamentos comerciales y de *marketing* deben abstenerse de compartir información estratégica con competidores.
- Las prácticas de *benchmarking* deben evitar cualquier intercambio sensible con empresas rivales (precios, márgenes, estrategias).

3.2. Abuso de posición dominante

Base jurídica:

- Artículo 2 LDC.
- Artículo 102 TFUE.

Se considera ilícito que una empresa con poder significativo en el mercado abuse de su posición dominante para restringir la competencia.

Conductas típicas:

- Imposición de precios no equitativos.

- Ventas por debajo de coste (*dumping*).
- Discriminación entre clientes.
- Exclusividades injustificadas.
- Denegación injustificada de acceso a insumos esenciales.

Casos destacados:

España:

- Caso Mediaset – Atresmedia (Resolución de la CNMC de 12 de noviembre de 2019, expte. S/DC/ 0617/17): la CNMC sanciona a Mediaset y Atresmedia por prácticas anticompetitivas en la comercialización de la publicidad en televisión. La sanción total para ambas cadenas de televisión fue de más de 77 millones de euros (<https://www.cnmc.es/sites/default/files/2746591_1.pdf>).

- Sentencia del Tribunal General (Sala 6ª, ampliada), de 14 de septiembre de 2022. Google LLC y Alphabet, Inc. contra Comisión Europea (Google Android), asunto T- 604/ 18. (<https://curia.europa.eu/juris/document/document.jsf?text=&docid=2654 21&doclang=en>).

Relevancia para el *marketing*:

- Las prácticas de fidelización deben ser cuidadosamente diseñadas: descuentos por exclusividad, acuerdos de distribución y bonificaciones pueden ser considerados abusivos si impiden la entrada de nuevos competidores.
- Las marcas dominantes deben tener especial cuidado en sus campañas de posicionamiento y precios.

3.3.   Control de concentraciones

Base jurídica:

- Artículos 8 a 10 LDC.
- El Reglamento (CE) n.° 139/2004 del Consejo, de 20 de enero de 2004, sobre el control de las concentraciones entre empresas (Reglamento de

Concentraciones de la UE). Este Reglamento establece el régimen jurídico aplicable a las operaciones de concentración con dimensión comunitaria — es decir, aquellas que pueden tener efectos en el comercio entre Estados miembros y amenazar con obstaculizar significativamente la competencia efectiva en el mercado interior o una parte sustancial del mismo-).

Cualquier operación de concentración que supere ciertos umbrales debe ser notificada a la CNMC (o a la Comisión Europea, si tiene dimensión comunitaria).

Criterios de notificación:

- Facturación global conjunta superior a 240 millones € en España y facturación individual superior a 60 millones € por parte de al menos dos participantes.
- En el ámbito comunitario, el umbral se fija en el Reglamento de Concentraciones de la UE.

Se encuentran regulados en el artículo 1, que distingue entre dos tipos de umbrales que determinan si una operación de concentración tiene dimensión comunitaria y, por tanto, debe notificarse a la Comisión Europea.

Umbrales del artículo 1.2: Primer nivel (dimensión comunitaria básica)

Una concentración tiene dimensión comunitaria si se cumplen todas las condiciones siguientes:

1. el volumen de negocios mundial total de todas las empresas participantes supera 5000 millones de euros, y
2. el volumen de negocios total en la UE de al menos dos de las empresas participantes supera 250 millones de euros cada una.

Y esto salvo que cada una de las empresas participantes realice más de dos tercios de su volumen de negocios total en la UE dentro de un mismo Estado miembro, en cuyo caso no se considera que la operación tiene dimensión comunitaria (cláusula de exclusión).

Umbrales del artículo 1.3: Segundo nivel (dimensión comunitaria alternativa)

Una concentración también tiene dimensión comunitaria si se cumplen todas las siguientes condiciones:

1. el volumen de negocios mundial total de todas las empresas participantes supera 2500 millones de euros,
2. en al menos tres Estados miembros, el volumen de negocios total de todas las empresas participantes supera 100 millones de euros,
3. en cada uno de esos tres Estados miembros, el volumen de negocios de al menos dos de las empresas participantes supera 25 millones de euros, y
4. el volumen de negocios total en la UE de al menos dos de las empresas participantes supera 100 millones de euros cada una,

Salvo, de nuevo, que cada una de las empresas participantes realice más de dos tercios de su volumen de negocios total en la UE dentro de un mismo Estado miembro.

Posibles resoluciones:

• Aprobación de la operación de concentración sin condiciones.
• Aprobación con condiciones (desinversiones, compromisos).
• Prohibición (muy excepcional).

Casos representativos:

España:

• Expediente C/0660/15 Tenedora de Cines/Yelmo: fusión de cadenas de exhibición cinematográfica condicionada a la cesión de ciertos activos por riesgos sobre la competencia local (<https://www.cnmc.es/sites/default/files/675333_7.pdf>).

UE:

• Telefónica / E-Plus (2014): la Comisión aprobó la fusión en Alemania con condiciones estrictas para preservar la competencia en telecomunicaciones (<https://ec.europa.eu/commission/presscorner/detail/es/ip_14_771>).

Relevancia para el *marketing*:

- Las fusiones entre competidores pueden alterar el entorno de competencia, modificar precios de referencia y cambiar los referentes de posicionamiento en el mercado.
- Las alianzas estratégicas deben evaluarse desde el punto de vista legal antes de ejecutar campañas conjuntas.

3.4. Conductas y prácticas contrarias a la libre competencia. Régimen sancionador

Sanciones previstas:

- Artículo 63 LDC: multas de hasta el 10 % del volumen de negocios total de la empresa infractora.
- Inhabilitación para contratar con la Administración Pública.

Procedimiento sancionatorio:

- Instrucción por parte de la CNMC (Subdirección de Competencia).
- Resolución del Consejo de la CNMC.
- Posibilidad de recurso ante la Audiencia Nacional y, en su caso, el Tribunal Supremo.
- Cooperación CNMC – Comisión Europea (art. 13 LDC).

Responsabilidad civil:

- Responsabilidad civil: acción de daños por los afectados por infracciones del Derecho de la competencia (introducida tras la transposición de la Directiva 2014/104/UE; esta Directiva se ha transpuesto al ordenamiento jurídico español por medio del Real Decreto Ley 9/ 2017, de 26 de mayo).

Relevancia práctica:

- Las sanciones pueden afectar a la imagen corporativa, limitar campañas y provocar litigios con distribuidores o clientes.
- La cultura de cumplimiento en *marketing* y ventas es indispensable para evitar prácticas ilícitas involuntarias.

4. La competencia desleal en el ámbito empresarial

4.1. Justificación

El Derecho contra la competencia desleal desempeña un papel crucial en el ámbito del *marketing* y la gestión de marca. El diseño de campañas, envases, nombres comerciales y estrategias promocionales debe ser compatible con este marco jurídico para evitar litigios, pérdida de prestigio o sanciones. En un entorno en el que la diferenciación y la reputación son activos estratégicos, el conocimiento de los límites legales en materia de imitación, confusión y publicidad se convierte en una herramienta imprescindible.

Base normativa:

- Ley 3/1991, de 10 de enero, de Competencia Desleal (LCD)
- También aplicable en el marco del artículo 4 LOPJ, como Derecho común supletorio de normas mercantiles y de consumo.

Finalidad:

- Proteger la transparencia del mercado, la libertad de competencia, el interés de los consumidores y la lealtad entre competidores.
- Abarca actos realizados antes, durante o después de la relación contractual o comercial.

Actos objetivamente contrarios a las exigencias de la buena fe. Cláusula general (art. 4 LCD):

- El acto debe ser objetivamente contrario a las exigencias de la buena fe en el tráfico mercantil.
- No se exige que exista daño efectivo, basta con el riesgo de distorsión.

4.2. Conductas desleales: tipos

a) Actos de engaño (art. 5)

- Información falsa o ambigua sobre el producto, su origen, condiciones o ventajas.

b) Actos de confusión (art. 6)

- Imitación de signos distintivos, diseño de envases, estilo comercial o nombre empresarial, que pueda inducir a error.

c) Omisiones engañosas (art. 7)

- Omitir información esencial relevante para la decisión del consumidor, especialmente sobre riesgos o condiciones del producto.

d) Actos de denigración (art. 9)

- Manifestaciones sobre productos o servicios de competidores que perjudiquen su reputación sin base objetiva.

e) Actos de imitación desleal (art. 11)

- Imitación sistemática de prestaciones ajenas que pueda crear asociación o impedir la diferenciación.
- Solo se prohíbe si:
  - Genera confusión con el competidor.
  - Se explota indebidamente su reputación.
  - Existe aprovechamiento sistemático de su esfuerzo empresarial.

f) Explotación de la reputación ajena (art. 12)

- Utilización de signos, logotipos o mensajes de marcas reconocidas para beneficiarse del prestigio construido por otra empresa.

g) Violación de secretos empresariales (art. 13)

- Transmisión o uso sin consentimiento de «secretos empresariales». Entendiéndose por «secreto empresarial» cualquier información o conocimiento, incluido el tecnológico, científico, industrial, comercial, organizativo o financiero, que reúna las siguientes condiciones:
  - Ser secreto, en el sentido de que, en su conjunto o en la configuración y reunión precisas de sus componentes, no es generalmente conocido por las personas pertenecientes a los

círculos en que normalmente se utilice el tipo de información o conocimiento en cuestión ni es fácilmente accesible para ellas.

o   Tener valor empresarial, ya sea real o potencial, precisamente por ser secreto.

o   Haber sido objeto de medidas razonables por parte de su titular para mantenerlo en secreto.

- No se considera «secreto empresarial» la información de escasa importancia, como tampoco la experiencia y las competencias adquiridas por los trabajadores durante el normal transcurso de la carrera profesional, ni la información que es de conocimiento general o fácilmente accesible en los círculos en que normalmente se utilice el tipo de información en cuestión (véase Ley 1/2019, de 20 de febrero, de Secretos Empresariales).

h) Publicidad ilícita como acto de competencia desleal (arts. 18-19 LCD y Ley 34/1988, General de Publicidad)

- Se reputará desleal la publicidad considerada ilícita por la Ley General de Publicidad.
- Se reputa publicidad ilícita y, por consiguiente, desleal:

o   La publicidad que atente contra la dignidad de la persona o vulnere valores o derechos reconocidos en la constitución.

o   La publicidad dirigida a menores que les incite a la compra de un bien o servicio, explotando su inexperiencia o credulidad, o en la que aparezcan persuadiendo de la compra a padres o tutores.

o   La publicidad subliminal. Se considera subliminal la publicidad que, mediante técnicas de producción de estímulos de intensidades fronterizas con los umbrales de los sentidos o análogas, pueda actuar sobre el público destinatario sin ser conscientemente percibida.

o   La publicidad que infrinja lo dispuesto en la normativa que regule la publicidad de determinados productos, bienes, actividades o servicios.

4.3.   Acciones

Acciones previstas (arts. 32-33 LCD):

- Acción declarativa de deslealtad. La acción declarativa de deslealtad persigue una declaración judicial que reconozca que una determinada conducta constituye un acto de competencia desleal, conforme a lo dispuesto en los artículos 4 a 29 de la LCD. A diferencia de la acción de cesación, no tiene por objeto inmediato hacer cesar la conducta, ni requiere que se haya producido un perjuicio concreto; su finalidad es puramente declarativa, pero puede servir como base para otras acciones posteriores, como las de cesación o indemnización de daños y perjuicios.

- Acción de cesación o prohibición. La acción de cesación tiene por objeto obtener judicialmente la prohibición o el cese inmediato de un acto de competencia desleal, con independencia de que dicho acto haya causado o no un daño efectivo.
- Acción de remoción. La acción de remoción permite al demandante solicitar al juez que se adopten medidas para neutralizar o eliminar los efectos derivados de una conducta desleal ya realizada. A diferencia de la acción de cesación (que impide o detiene una conducta), la remoción tiene un carácter reparador o correctivo, aunque sin llegar necesariamente a exigir una indemnización por daños y perjuicios.
- Acción de rectificación de información engañosa o denigrante. La acción de rectificación es una manifestación específica de la acción de remoción en el ámbito de la competencia desleal, y tiene por objeto restaurar la realidad del mercado o reparar la reputación del afectado tras la difusión de informaciones o mensajes desleales, especialmente en casos de publicidad engañosa o denigratoria.
- Acción de resarcimiento de daños y perjuicios. Habiendo intervenido dolo o culpa grave del agente, el perjudicado por la conducta desleal podrá solicitar la indemnización de los daños y perjuicios sufridos.

Legitimación:

- Competidores directos.
- Asociaciones de consumidores (cuando la conducta afecte al interés general).
- El Ministerio Fiscal, en determinados supuestos.

Procedimiento:

- Jurisdicción: Juzgados de lo Mercantil.
- Acumulable a acciones por infracción de marca (LM) o de publicidad ilícita (LGP).

5.   Marcas

5.1.   Concepto

La marca constituye uno de los activos más valiosos para cualquier empresa. Desde la perspectiva del *marketing*, la marca no solo identifica y diferencia productos o servicios, sino que proyecta confianza, reputación y valor emocional. Desde la perspectiva jurídica, la marca es un derecho de propiedad industrial que otorga a su titular un derecho de exclusiva a efectos de diferenciar sus productos y servicios de otros productos y servicios en el mercado.

Normativa aplicable:

- Ley 17/2001, de 7 de diciembre, de Marcas (LM).
- Reglamento (UE) 2017/1001, sobre la marca de la Unión Europea.
- Convenio de París (1883) y Convenio de Madrid (1891), para protección internacional.

Definición (art. 4 LM):

«Se entiende por marca todo signo que sirva para distinguir en el mercado los productos o servicios de una empresa respecto de los de otras.»

La marca es un signo distintivo capaz de identificar el origen empresarial de productos y servicios. Pero, además de identificar el origen empresarial de los productos y servicios, la marca identifica la calidad de los referidos productos y servicios según las expectativas que el referido signo distintivo genera en los consumidores *(good will)*.

En efecto, la función publicitaria es relevante en la marca. Una marca también puede ser empleada por su titular para adquirir o conservar una reputación que sea atractiva para los consumidores fidelizándolos.

5.2.   ¿Qué puede registrarse como marca?

Art. 4 LM y art. 4 del Reglamento (UE) 2017/1001:

Pueden registrar como marcas:

- Palabras y combinaciones de palabras (marcas denominativas)
- Imágenes, logotipos y dibujos (marcas gráficas)
- Combinaciones de texto e imagen (marcas mixtas)
- Formas tridimensionales (envases, productos)
- Colores o combinaciones de colores (siempre que tengan carácter distintivo)
- Sonidos (representables gráficamente)
- Marcas de movimiento, hologramas y multimedia

El registro de una marca se otorga por diez años contados desde la fecha de presentación de la solicitud y podrá renovarse por períodos sucesivos de diez años.

Condiciones para su registrabilidad:

- Carácter diferenciador (referencia a la distintividad de la marca y al principio de especialidad de la marca).
- No engañosa; contraria a la ley; buenas costumbres y orden público («La Mafia se Sienta a la Mesa» <curia.europa.eu/juris/document/document.jsf?docid=200262&mode=req &pageIndex=1&dir=&occ=first&part=1&text=la%2Bmafia%2Bse%2Bsi enta%2Ba%2Bla%2Bmesa&doclang=ES&cid=7177549#ctx1>)

- No identidad o semejanza con marcas anteriores (riesgo de confusión).

Localizador de marcas Oficina Española de Patentes y Marcas: <https://consultas2.oepm.es/LocalizadorWeb>

5.3.   Derechos del titular de la marca

Art. 34 LM / Art. 9 Reglamento (UE):

A. Derechos positivos *(ius utendi et fruendi)*

- Usar la marca en exclusiva para identificar sus productos o servicios.
- Autorizar licencias de uso a terceros.
- Transferir la marca (venta, cesión).

- Explorar comercialmente la marca (valor de marca como activo intangible).

B. Derechos negativos *(ius prohibendi)*

- Oponerse al uso no autorizado por terceros de signos idénticos o similares.
- Impedir el registro de marcas posteriores que puedan generar riesgo de confusión.
- Solicitar la retirada del mercado de productos infractores (acciones civiles).
- Ejercer acciones penales en caso de falsificación o piratería.

5.4. La marca como objeto de negocios jurídicos. Transmisión y licencia (arts. 46 y ss. LM)

- La marca es susceptible de transmisión (cambio de su titular) e, igualmente, su uso es susceptible de cesión (licencia).
- En lo que a la transmisión de marca se refiere:
  - Puede transmitirse tanto la marca una vez registrada como la marca en trámite de concesión.
  - Se permite la transmisión de la marca «con independencia de la totalidad o una parte de la empresa».
- La licencia implica la cesión temporal a un tercero, licenciatario, del uso de la marca. La titularidad de la marca la sigue ostentando el licenciante.

5.5. Protección de la marca

Art. 41 LM y ss. / Directiva 2015/2436/UE:

Acciones disponibles:

- Acción de cesación del uso infractor.
- Indemnización por daños y perjuicios.
- Destrucción de productos ilícitos.
- Publicación de la sentencia a costa del infractor.
- Oposición y nulidad de registros posteriores.

Órganos competentes:

- Juzgados de lo Mercantil.
- Oficina Española de Patentes y Marcas (OEPM).
- Oficina de Propiedad Intelectual de la Unión Europea (EUIPO).

5.6.   Marca renombrada

- La marca renombrada goza de protección incluso frente a productos o servicios no similares, si se considera que el uso de una marca similar puede aprovecharse indebidamente de su reputación o perjudicarla.
- La protección de la marca renombrada va, por tanto, más allá de la regla de la especialidad. No cabe el registro de marca coincidente o similar a la marca renombrada para ningún tipo de producto o servicio. Por muy diferentes que sean de los identificados con la marca renombrada.

Caso:

Caso «Viajes Zaratours Vacaciones y Ocio» <STS, a 02 de junio de 2014 - ROJ: STS 2156/2014>.

5.7.   Caducidad de la marca

Art. 54 LM / Arts. 58-60 del Reglamento (UE)

Causas de caducidad:

- Falta de uso real y efectivo durante cinco años consecutivos.
- Degeneración (se convierte en término genérico).
- Pérdida de carácter distintivo por el comportamiento del titular.
- Inexactitud en los datos registrados (nombre, domicilio, etc.).

5.8.   Marca de la Unión Europea (Marca comunitaria)

Régimen jurídico:

- Reglamento (UE) 2017/1001, de marca de la UE.
- Registro ante la EUIPO, con sede en Alicante.

Ventajas:

- Protección unitaria en los 27 Estados miembros.
- Procedimiento centralizado y digital.
- Costes más eficientes para empresas con actividad internacional.

Requisitos y efectos:

- Se aplican los mismos requisitos que en las marcas nacionales.
- Una sola denegación afecta a toda la UE (efecto unitario).
- Pueden coexistir con marcas nacionales si no hay conflicto.

5.9.   Protección internacional de la marca

Vías disponibles:

1. Sistema de Madrid (Protocolo y Acuerdo): permite solicitar protección internacional centralizada a través de la OEPM.
2. Convenio de París: establece prioridad de registro (6 meses) y principios comunes.
3. Registro país por país: necesario cuando el país no es parte del sistema de Madrid.

5.10. Marcas colectivas y marcas de garantía

Marcas colectivas (arts. 62-67 LM):

- La titularidad corresponde a asociaciones o entidades sin ánimo de lucro.
- Finalidad: distinguir productos o servicios de los miembros de la asociación titular de la marca de los productos o servicios de otras empresas.
- Debe regularse el uso en un reglamento de uso depositado ante la OEPM.
- Si la marca colectiva consistiera en una indicación de procedencia geográfica, el reglamento deberá prever que cualquier persona cuyos productos o servicios provengan de esa zona geográfica y cumplan las condiciones prescritas podrán hacerse miembros de la asociación.

Marcas de garantía (arts. 68-73 LM):

- Aseguran que el producto o servicio cumple determinadas condiciones de calidad, origen o método de producción.
- La marca de garantía podrá solicitarse por personas naturales o jurídicas, incluidas autoridades y organismos de Derecho público. Ahora bien, estas personas no han de desarrollar una actividad empresarial que implique el suministro de productos o prestación de servicios del tipo que se certifica.
- La solicitud de registro de una marca de garantía deberá acompañarse de un reglamento.
- Si la marca de garantía consistiera en una indicación de procedencia geográfica, el reglamento deberá prever que cualquier persona cuyos productos y servicios provengan de esa zona geográfica y cumplan con las condiciones prescritas podrá utilizar la marca.
- Ejemplo: «Woolmark» (certifica la pureza de la lana). «Jamón de Teruel».

Marcas colectivas y marcas de garantía (<https://www.oepm.es/export/sites/oepm/comun/documentos_relacionados/Publi caciones/Folletos/Marcas_colectivas_y_de_garantia.pdf >).

Conclusión:

La marca es una herramienta jurídica y comercial clave en el *marketing* moderno. Su adecuada gestión —desde el registro, hasta la vigilancia y defensa— permite a las empresas proteger su identidad, diferenciarse, fidelizar y construir valor intangible *(good will)*. Conocer las distintas categorías, vías de protección y mecanismos de defensa es esencial para evitar el debilitamiento o la pérdida de los derechos de marca en entornos altamente competitivos.

El registro de una marca se realiza ante la Oficina Española de Patentes y Marcas (OEPM). Una vez registrada, la marca otorga a su titular el derecho exclusivo a utilizarla y a impedir su uso no autorizado por terceros.

6.   Patentes

6.1.   Concepto

Una patente es un derecho exclusivo concedido por el Estado para explotar una invención durante un período determinado, generalmente 20 años. Permite a las empresas proteger sus innovaciones y obtener un retorno de la inversión en investigación y desarrollo.

6.2.   Requisitos para patentar una invención

- Según la Ley 24/2015, de 24 de julio, de Patentes, para ser patentable una invención debe ser nueva, implicar una actividad inventiva y ser susceptible de aplicación industrial.
- Se exige, además, altura inventiva.

6.3.   Derechos del titular de la patente

- Concedida la patente por la OEPM, el titular de la patente tiene durante veinte años, improrrogables, un derecho exclusivo de explotación de la patente. El plazo de veinte años se computa desde la fecha de la presentación de la solicitud de la patente.
- El titular de la patente tiene derecho a impedir que los terceros realicen cualquier acto de explotación comercial o industrial de la invención patentada sin su consentimiento.

6.4.   Cesión y licencia de patente

- Tanto la solicitud de patente como la patente son transmisibles y pueden ser objeto de licencia.
- Licencia obligatoria de la patente. Entre los supuestos legalmente contemplados de licencias obligatorias, se prevé el de la licencia por falta o insuficiencia de la explotación de la invención patentada. Otro supuesto relevante de licencia obligatoria de patente es el de la licencia por dependencia de patentes.

- Por motivos de interés público, el Gobierno puede sujetar una solicitud de patente o una patente ya otorgada a licencias obligatorias. En estos casos, la licencia obligatoria resultará del correspondiente Real Decreto.

6.5.   Protección de la patente

- Acción de cesación de los actos en perjuicio de su derecho.
- Acción de indemnización de los daños y perjuicios sufridos.
- El embargo de los objetos producidos o importados con violación de su derecho de patente y de los medios exclusivamente destinados a tal producción o a la realización del procedimiento patentado.
- La atribución en propiedad de los objetos o medios embargados.

Tema 8. Derecho de la publicidad

1. Aspectos generales del Derecho de publicidad

1.1. El concepto de Derecho de la publicidad

El Derecho de la publicidad es el conjunto de normas que regulan la comunicación efectuada a petición de un anunciante para procurar la contratación por parte de los destinatarios de un bien o servicio.

La publicidad está definida legalmente, en el artículo 2 de la Ley 34/1988, de 11 de noviembre, General de Publicidad (en adelante, LGP) como «toda forma de comunicación realizada por una persona física o jurídica, pública o privada, en el ejercicio de una actividad comercial, industrial, artesanal o profesional, con el fin de promover de forma directa o indirecta la contratación de bienes muebles o inmuebles, servicios, derechos y obligaciones».

Además, desde el punto de vista jurídico, la publicidad es un acto de competencia y una práctica comercial, pues está dirigida a influir en el comportamiento económico de los destinatarios que, en muchas ocasiones, ostentan la condición de consumidores y usuarios. De este modo, quedan excluidos del Derecho de la publicidad aquellos mensajes dirigidos a una pluralidad de destinatarios que no tengan como fin propiciar la contratación de bienes o productos (por ejemplo, la propaganda institucional, política o electoral).

En todo caso, la publicidad debe ser lícita, al amparo de los artículos 3 y ss. de la LGP.

1.2. Fuentes del Derecho de la publicidad

En la actualidad, el Derecho de la publicidad no se circunscribe a la LGP, sino que el régimen jurídico aplicable a la publicidad se articula mediante normas que tienen distinto origen.

1.2.1. El Derecho comunitario

La Unión Europea tiene como uno de sus objetivos la creación de un mercado único, favoreciendo la libre circulación de productos y servicios. La incidencia que tiene la publicidad en la comercialización de productos y servicios justifica la aprobación de normas comunitarias dirigidas a regular la publicidad con una vocación de uniformidad entre los Estados que conforman la Unión Europea.

Las normas comunitarias que afectan, en mayor medida, a la publicidad son las Directivas. Estas normas por su naturaleza obligan a los Estados miembros en cuanto a los resultados que tienen que alcanzar, pero proporcionan libertad en cuanto a la forma de obtener estos resultados, por eso se les considera normas de armonización. Las Directivas requieren que los Estados miembros realicen una transposición de la norma comunitaria a su normativa interna, pero si no efectúan esa transposición en el plazo otorgado, son directamente aplicables a los Estados para impedir que los países eviten su cumplimiento.

Entre las Directivas aprobadas que influyen en este ámbito podemos destacar:

— La Directiva 84/450/CEE que dio lugar con su transposición a la LGP.
— La Directiva 2005/29/CEE sobre prácticas comerciales desleales de las empresas en sus relaciones con los consumidores en el mercado interior, que fue transpuesta a nuestro ordenamiento jurídico en la LGP, LCD y en la Ley General de Defensa de Consumidores y Usuarios.
— La Directiva 89/552/CEE sobre actividades de radiodifusión televisiva modificada por la Directiva 2007/65/CEE conocida como «Directiva de televisión sin fronteras». Esta Directiva supuso una liberalización de la emisión de publicidad en televisión. Se establecen límites a la duración de los cortes publicitarios (un corte cada treinta minutos para programación de

niños e informativos y para el resto de programas, se fija un máximo de 12 minutos de publicidad por cada hora de programación).

— La Directiva 2000/31/CEE sobre servicios de la sociedad de la información y del comercio electrónico, que fue transpuesta por la Ley 34/2002, de servicios de la sociedad de la información y de comercio electrónico. Se regulan, entre otros aspectos, la comunicación comercial no solicitada.

1.2.2. Legislación estatal

En la Constitución Española, que es la norma suprema de nuestro ordenamiento jurídico nacional, se identifican distintos artículos vinculados a la publicidad. Entre ellos, destacamos la libertad de expresión y de información (artículo 20 CE), la libertad de empresa (artículo 38 CE) y la protección de consumidores (artículo 51 CE).

En la legislación estatal hay distintas normas (legales y reglamentarias) que inciden en el ámbito de la publicidad. En especial, destacamos la LGP, pero también afectan a la regulación la LCD, el TRGDCU, la Ley de Ordenación del Comercio Minorista, la Ley de Servicios de la Sociedad de la Información y de Comercio Electrónico, la Ley Orgánica de protección del Derecho al Honor, a la Intimidad Personal y Familiar y a la Propia Imagen o la Ley General de Comunicación Audiovisual.

Además, hay determinados sectores y vías publicitarias que tienen reglas específicas. Entre los primeros podemos destacar, la Ley 13/2011, de 27 de mayo, de Regulación del Juego, que en su artículo 7 regula la publicidad, patrocinio y promoción de las actividades de juego. Entre los segundos, el artículo 37 de la Ley 37/2015, de 29 de septiembre, de Carreteras regula la publicidad en estos espacios.

1.2.3. Legislación autonómica

La mayoría de los Estatutos de Autonomía de las comunidades autónomas se atribuyen la competencia en materia de publicidad, incluyendo la potestad legislativa, reglamentaria y ejecutiva, sin perjuicio de las normas dictadas por el Estado de conformidad con el artículo 149.1, 6 y 8 de la CE. De conformidad con estos preceptos, será, en todo caso, competencia estatal la regulación de las condiciones básicas que garanticen la igualdad de todos los españoles en el ejercicio de los derechos y el cumplimiento de los deberes constitucionales y los aspectos que incidan en la legislación civil, mercantil, penal, penitenciaria y procesal.

A modo ejemplificativo, será competencia estatal la tipificación del delito publicitario (artículo 282 del CP), la determinación legal de los contratos publicitarios (artículos 7 y ss. de la LGP). En contraposición, hay sectores en los que las CCAA podrán, en el desarrollo de su competencia en publicidad, aprobar normas y ejecutarlas. Así, puede destacarse el Decreto 175/2024, de 18 de octubre, del Gobierno de Aragón, por el que se regula la publicidad sanitaria en la Comunidad Autónoma de Aragón.

1.3. Los sujetos de la relación publicitaria

En la relación publicitaria concurren, en todo caso, el anunciante, los destinatarios y pueden intervenir también las agencias y medios de publicidad.

El concepto de *anunciante* podemos obtenerlo de la lectura conjunta de los artículos 2 y 8 de la LGP. Es anunciante la persona física o jurídica privada o pública (pueden serlo, las empresas públicas) que desarrollan una actividad comercial, industrial, artesanal o profesional, que impulsa o promueve de forma directa o indirecta la contratación de bienes muebles o inmuebles, servicios, derechos y obligaciones.

Los destinatarios son definidos por el artículo 2 de la LGP como las personas a las que se dirija el mensaje publicitario o a las que este alcance.

Esta definición nos permite distinguir entre el público objetivo, que son las personas a las que el anunciante quiere dirigir su mensaje, y el público general, que son aquellas a las que la publicidad puede alcanzar, aunque el mensaje publicitario no esté enfocado a ellas.

Las agencias de publicidad, según el artículo 8 de la LGP, son las personas naturales o jurídicas que se dediquen profesionalmente y de manera organizada a crear, preparar, programar o ejecutar publicidad por cuenta de un anunciante.

Las agencias de publicidad pueden desarrollar alguna de las fases del proceso publicitario o abarcar la totalidad del mismo. Es importante destacar que, para su intervención, es necesario que exista un encargo del anunciante que se articulará jurídicamente a través de una relación contractual.

Las agencias de publicidad pueden clasificarse según la instrumentalización o ejecución de la publicidad en: *boutiques* creativas o estudios, agencias de medios o centrales de compra y agencias de servicios plenos.

Por último, los medios de publicidad, según lo dispuesto en el artículo 8 de la LGP, son las personas naturales o jurídicas, públicas o privadas, que, de manera habitual y organizada, se dediquen a la difusión de publicidad a través de los soportes o medios de comunicación social cuya titularidad ostenten. Nos estamos refiriendo a la prensa, radio, televisión o las redes sociales.

1.4. El objeto de la actividad publicitaria

El objeto de la actividad publicitaria es el mensaje publicitario que constituye una obra publicitaria o una creación publicitaria. Esto es así porque el mensaje publicitario para alcanzar el fin de persuasión al que está dirigido requiere de una actividad creativa e ingeniosa.

La obra publicitaria tiene una serie de características muy específicas:

— La finalidad de la obra publicitaria es persuadir al consumidor para el consumo del bien o servicio.
— La obra publicitaria requiere para su puesta a disposición de un medio de comunicación.
— La difusión de la obra publicitaria se encuentra delimitada temporalmente.
— Los destinatarios no retribuyen por el uso de la obra.
— La creación de la obra publicitaria se efectúa a petición del anunciante.

Esta creación está protegida por nuestro ordenamiento jurídico, ya sea a través de la propiedad intelectual o de los derechos de autor, conforme al artículo 10 de la Ley de Propiedad Intelectual. Además, si su finalidad es identificar a sujetos empresariales o sus productos, también puede estar amparada por la propiedad industrial, especialmente mediante el derecho de marca.

2. Los contratos publicitarios

Los contratos publicitarios son aquellos por los que se instrumenta y/o ejecuta la publicidad. La LGP establece unos tipos contractuales específicos dirigidos a regular las relaciones jurídicas inherentes a la obra publicitaria para, en última instancia, efectuar la difusión del mensaje publicitario. En concreto, regula los contratos de publicidad, de creación publicitaria, de difusión y de patrocinio.

La contratación publicitaria debe respetar, en todo caso, la dignidad de la persona y los derechos y valores constitucionales. Además, tiene que resultar conforme con otras leyes que regulen productos o servicios específicos y, en última instancia, con la libre competencia.

El artículo 7 de la LGP establece que los contratos publicitarios se regirán por las normas contenidas en el presente título y, en su defecto, por las reglas generales del Derecho común. Esto significa que a los referidos contratos se les aplicará, en primer lugar, las previsiones que contiene la LGP para cada modalidad contractual y en aquello que no se encuentre regulado, les serán de aplicación las normas del Código de Comercio sobre contratos mercantiles y las normas generales del Código Civil.

El artículo 7 de la LGP señala que la sujeción a las disposiciones contenidas en la LGP será de aplicación a todos los contratos publicitarios, aun cuando versen sobre actividades publicitarias no comprendidas en el artículo 2 de la LGP. Con esta previsión la LGP se está refiriendo a otros contratos en los que el anunciante sea, entre otros, un ente público, una fundación o una asociación de interés público.

Además, con carácter general, el artículo 11 de la LGP determina que en los contratos publicitarios no podrán incluirse cláusulas de exoneración, imputación o limitación de la responsabilidad frente a terceros en que puedan incurrir las partes como consecuencia de la publicidad.

En los contratos de servicios, entre los que se encuentran los contratos publicitarios, es necesario distinguir entre:

Obligaciones de medios, en las que el deudor de la obligación de hacer normalmente una agencia de publicidad, se obliga a desplegar su actividad conforme a su *lex artis*. En estos casos, si la agencia realiza la actividad que se le ha encargado, hay cumplimiento contractual, aunque no alcance el resultado debido.

Obligaciones de resultado, en ellas el deudor de la obligación de hacer, se compromete a alcanzar un determinado resultado, y si este no se obtiene, se producirá un incumplimiento contractual.

Esta distinción es importante, porque el artículo 12 de la LGP establece que se tendrá por no puesta cualquier cláusula por la que, directa o indirectamente, se garantice el rendimiento económico o los resultados comerciales de la publicidad, o se prevea la exigencia de responsabilidad por esta causa. Esto quiere decir que, si bien la obligación de efectuar una campaña publicitaria puede configurarse como una obligación de resultado, no podrá pactarse la obtención de unas ganancias concretas como resultado.

2.1. El contrato de publicidad

2.1.1. Concepto y régimen jurídico

El contrato de publicidad está regulado en los artículos 13 a 16 de la LGP. De conformidad con el artículo 13 de la LGP es, aquel por el que un anunciante encarga a una agencia de publicidad, mediante una contraprestación, la ejecución de publicidad y la creación, preparación o programación de la misma. Cuando la agencia realice creaciones publicitarias, se aplicarán también las normas del contrato de creación publicitaria.

Este contrato permite la asunción de prestaciones de otros contratos, en especial, del contrato de creación publicitaria y en él se recogen una serie de obligaciones de resultado.

2.1.2. Contenido

La agencia de publicidad, de conformidad con la regulación contenida en la LGP, está obligada a:

— La ejecución de publicidad y la creación, preparación o programación de la misma.
— La agencia deberá mantener absoluta reserva sobre la información o material publicitario que el anunciante le haya facilitado a efectos del contrato (artículo 14 de la LGP).
— Si bien no se encuentra específicamente regulada en la LGP, es habitual en este tipo de contratos incorporar una cláusula que limite temporalmente a la agencia realizar campañas de publicidad a eventuales competidores del anunciante.

El anunciante está, de conformidad con la LGP, obligado a:

— Remunerar a la agencia de publicidad por la ejecución de la publicidad y la creación, preparación o programación de la misma.
— Abstenerse de utilizar para fines distintos de los pactados cualquier idea, información o material publicitario suministrado por la agencia (artículo 14 de la LGP).

2.1.3. El incumplimiento del contrato y su extinción

En la ejecución del contrato se puede producir un cumplimiento defectuoso cuando una de las partes del contrato no cumple con el conjunto de las obligaciones que ha asumido por el contrato, pero ejecuta las prestaciones esenciales a las que está obligada, satisfaciendo el interés de la otra parte.

En el caso de que el anunciante cumpliera defectuosamente con sus obligaciones, bien porque la publicidad no se ajustase en sus elementos esenciales a los términos del contrato, bien porque no recogiera las instrucciones expresas del anunciante, este podrá exigir una rebaja de la contraprestación o la repetición total o parcial de la publicidad en los términos pactados, y la indemnización, en uno y otro caso, de los perjuicios que se le hubieran producido (artículo 15 LGP).

Si el cumplimiento defectuoso fuera imputable al anunciante, por ejemplo, por retraso en el abono de la retribución pactada, se le podría reclamar el abono de la cuantía impagada con los intereses moratorios (artículos 1101 y 1108 del Código Civil).

En contraposición, si se produce un incumplimiento total del contrato imputable a la agencia, porque injustificadamente no realiza la prestación comprometida o lo hace fuera del plazo establecido, el anunciante podrá resolver el contrato y exigir la devolución de lo pagado, así como la indemnización de daños y perjuicios.

Si el anunciante resolviere o incumpliere injustificada y unilateralmente el contrato con la agencia sin que concurran causas de fuerza mayor o lo cumpliere solo de forma parcial o defectuosa, la agencia podrá exigir la indemnización por daños y perjuicios a que hubiere lugar. La extinción del contrato no afectará a los derechos de la agencia por la publicidad realizada antes del cumplimiento.

Si el incumplimiento es, en cambio, imputable al anunciante, la agencia tendrá a su disposición los remedios del artículo 1124 del Código Civil.

La LGP no establece causas específicas de extinción para este contrato, de modo que resultan de aplicación las generales para todos los contratos.

2.2. El contrato de difusión publicitaria

2.2.1. Concepto y régimen jurídico

El contrato de difusión publicitaria está regulado en los artículos 17 a 19 de la LGP. El artículo 17 de la LGP define el contrato de difusión publicitaria como aquel por el que, a cambio de una contraprestación fijada en tarifas preestablecidas, un medio se obliga en favor de un anunciante o agencia a permitir la utilización publicitaria de unidades de espacio o de tiempo disponibles y a desarrollar la actividad técnica necesaria para lograr el resultado publicitario.

Este contrato establece una serie de obligaciones de resultado. Se trata de un contrato sinalagmático porque genera obligaciones para cada parte.

2.2.2. Contenido

El medio, de conformidad con lo dispuesto en la LGP, asume las siguientes obligaciones:

— Permitir la utilización publicitaria de unidades de espacio o de tiempo disponibles y desarrollar la actividad técnica necesaria para lograr el resultado publicitario.
— El medio tiene una obligación de fidelidad en la reproducción del anuncio, teniendo que respetar la forma y el formato del anuncio.
— El medio deberá guardar oportuna confidencialidad sobre las acciones publicitarias que tiene encomendadas.
Por su parte, el anunciante o la agencia se obligan a retribuir al medio por la difusión contratada, según las tarifas preestablecidas.

2.2.3. El incumplimiento de contrato y su extinción

El cumplimiento defectuoso se produce cuando el medio cumple la orden de publicidad dada por el anunciante o agencia, pero con alteración, defecto o menoscabo de algunos de sus elementos esenciales (por ejemplo, la fecha de publicación, su extensión, emplazamiento, etc.). En este caso, el medio de publicidad vendrá obligado a ejecutar de nuevo la publicidad en los términos pactados. Si la repetición no fuere posible, el anunciante o la agencia podrán exigir la reducción del precio y la indemnización de los perjuicios causados.

La aceptación o admisión por la agencia o el anunciante de la prestación defectuosa, sin reserva ni protesta, en el momento en el que debería apreciarse la alteración, defecto o menoscabo, le impedirá oponer la excepción de cumplimiento defectuoso.

En el caso de que se trate de un incumplimiento imputable al medio de publicidad por la no difusión de la publicidad, el anunciante o la agencia podrán optar entre exigir una difusión posterior en las mismas condiciones pactadas o denunciar el contrato con devolución de lo pagado por la publicidad no difundida. En ambos casos, el medio deberá indemnizar los daños y perjuicios ocasionados (artículo 19, párrafo primero de la LGP).

Estos remedios contractuales podrían igualmente exigirse cuando el cumplimiento defectuoso del medio de publicidad no satisface el interés del anunciante o de la agencia.

Si el incumplimiento contractual es imputable al anunciante o a la agencia, el artículo 19, párrafo segundo de la LGP determina que el responsable vendrá obligado a indemnizar al medio y a satisfacerle íntegramente el precio, salvo que el medio haya ocupado total o parcialmente con otra publicidad las unidades de tiempo o espacio contratadas.

La LGP no establece previsiones para la extinción del contrato de difusión, de modo que resultan de aplicación las generales para todos los contratos.

2.3. El contrato de creación publicitaria

2.3.1. Concepto y régimen jurídico

El contrato de creación publicitaria está regulado en los artículos 20 y 21 de la LGP. El artículo 20 de la LGP define el contrato de creación publicitaria como aquel por el que, a cambio de una contraprestación, una persona física o jurídica se obliga en favor de un anunciante o agencia a idear y elaborar un proyecto de campaña publicitaria, una parte de la misma o cualquier otro elemento publicitario.

De conformidad con el artículo 21 de la LGP, las creaciones publicitarias podrán gozar de los derechos de propiedad industrial o intelectual cuando reúnan los requisitos exigidos por las disposiciones vigentes. No obstante, los derechos de explotación de las creaciones publicitarias se presumirán, salvo pacto en contrario, cedidos en exclusiva al anunciante o agencia en virtud del contrato de creación publicitaria y para los fines previstos en el mismo.

El contrato de creación publicitaria incorpora una serie de obligaciones de resultado, de modo que se incumple el contrato si no se crea un mensaje publicitario. Además, se trata de un contrato sinalagmático porque genera obligaciones para cada parte del contrato.

2.3.2. Contenido

El creativo de conformidad con lo dispuesto en la LGP, se obliga a:

— Idear y elaborar un proyecto de campaña publicitaria, una parte de la misma o cualquier otro elemento publicitario.

— Mantener la oportuna confidencialidad sobre los materiales y las ideas que se le hayan facilitado para optimizar publicitariamente el resultado creativo.

Por su parte, el anunciante y la agencia deberán:

— Retribuir al creativo en los términos pactados en el contrato.
— Abstenerse de utilizar la creación publicitaria para fines distintos de los pactados.

2.3.3. El incumplimiento del contrato y su extinción

La LGP no establece reglas específicas que regulen el cumplimiento defectuoso o el incumplimiento contractual en este contrato, de modo que se aplicarán las reglas generales previstas para los contratos y, si procede, analógicamente, las establecidas para otros contratos publicitarios en la LGP.

El contrato de creación publicitaria no tiene en la LGP condiciones específicas para su extinción, de tal forma que le resultan de aplicación las generales para todos los contratos.

2.4. El contrato de patrocinio

2.4.1. Concepto y régimen jurídico

El contrato de patrocinio, también conocido como *esponsorización,* está regulado en el artículo 22 de la LGP. Según este precepto, el contrato de patrocinio es aquel por el que el patrocinado, a cambio de una ayuda económica para la realización de su actividad deportiva, benéfica, cultural, científica o de otra índole, se compromete a colaborar en la publicidad del patrocinador.

El propio artículo 22 de la LGP determina que este contrato se regirá por las normas del contrato de difusión publicitaria en cuanto le sean aplicables.

El contrato de patrocinio establece una serie de obligaciones de resultado y es un contrato sinalagmático porque genera obligaciones para cada parte.

2.4.2. Contenido

El patrocinado de conformidad con lo dispuesto en la LGP asume las siguientes obligaciones:

— Colaborar en la publicidad del patrocinador mediante una serie de tareas tendentes a que el público asocie la imagen del patrocinado con la marca, signos y productos del patrocinador. A modo ejemplificativo pueden señalarse la exhibición de signos distintivos del patrocinador, la participación en determinados actos promocionales, la utilización de productos del patrocinador.

— El desempeño continuado y diligente de la actividad comprometida, evitando comportamientos o manifestaciones que puedan ser contrarios a los intereses del patrocinador.

Por su parte, al patrocinador le corresponden las siguientes obligaciones:

— Prestación de la ayuda económica a la que se ha comprometido contractualmente.

— Es frecuente que proporcione al patrocinado los medios o elementos necesarios para que este realice la colaboración publicitaria a la que se ha obligado.

2.4.3. El incumplimiento de contrato y su extinción

Si se produce un cumplimiento defectuoso del patrocinado, por la realización incorrecta o incompleta de alguna de las tareas de colaboración a las que se había comprometido, el patrocinador podrá solicitar que se realicen de nuevo las tareas de colaboración de forma íntegra y correcta. En el caso de que no se puedan realizar de nuevo, el patrocinador podrá reducir la asignación económica a la que se había comprometido y, en ambos casos, podrá solicitar una indemnización por los daños y perjuicios irrogados.

En el caso de que el cumplimiento defectuoso fuera imputable al patrocinador, estará obligado a satisfacer el importe fijado contractualmente abonando, además, los intereses moratorios que procedieran.

Cuando se produzca un incumplimiento total del contrato por el patrocinado, el patrocinador podrá exigir el cumplimiento íntegro del contrato o resolverlo, con obligación de restituir el patrocinado la ayuda económica que le hubiera entregado y, en ambos casos, a indemnizar si los hubiera, por los daños y perjuicios producidos.

En el supuesto de que el incumplimiento fuera imputable al patrocinador, permite resolver el contrato con la paralización, si fuera posible, de las labores de colaboración o con la entrega de la ayuda económica pactada. En ambos supuestos, se podrá reclamar la indemnización de los daños y perjuicios si existieran.

El contrato de patrocinio no tiene en la LGP condiciones específicas para su extinción, de tal forma que le resultan de aplicación las generales para todos los contratos.

2.4.4. El patrocinio audiovisual

La Ley General de Comunicación Audiovisual transpone a nuestro ordenamiento jurídico la Directiva 89/552/CEE de Servicios de Comunicación Audiovisual.

El artículo 128 de la Ley General de Comunicación Audiovisual considera patrocinio cualquier contribución que una persona física o jurídica, pública o privada, no vinculada a la prestación del servicio de comunicación audiovisual o del servicio de intercambio de vídeos a través de plataforma, ni a la producción de obras audiovisuales, haga a la financiación del servicio de comunicación audiovisual, del servicio de intercambio de vídeos a través de plataforma o de vídeos generados por usuarios o de programas con la finalidad de promocionar su nombre, marca, imagen, actividad o producto.

Este precepto excluye del patrocinio los noticiarios y los programas de contenido informativo de actualidad. El resto de programación podrá ser patrocinada.

La Ley General de Comunicación Audiovisual establece que el patrocinio deberá respetar las siguientes condiciones:

— Incluir el nombre, el logotipo, o cualquier otro símbolo, producto o servicio del patrocinador al principio, al inicio de cada reanudación posterior a una interrupción y al final del programa.
— No afectar al contenido del programa o comunicación audiovisual patrocinados ni a su horario de emisión o presencia en el catálogo de manera que se vea afectada la responsabilidad editorial del prestador del servicio de comunicación audiovisual.
— No incitar directamente a la compra o arrendamiento de bienes o servicios, en particular, mediante referencias de promoción concretas a estos.

Tema 9.   Las sociedades. Las sociedades de capital (I)

1.   Evolución e importancia de las sociedades mercantiles

La historia tiene una gran importancia para explicar el Derecho mercantil en general y el Derecho de sociedades en particular. El Código de Comercio español de 1885 (en adelante, Ccom.) en su redacción originaria, al ocuparse de la regulación de las compañías mercantiles, se refirió a las sociedades colectivas, comanditarias y anónimas. El aumento en el número de sociedades y el surgimiento de nuevos tipos hizo nacer una normativa especial sobre ellas: la Ley de Sociedades Anónimas, el 17 de julio de 1951, y la Ley de Sociedades de Responsabilidad Limitada, el 17 de julio de 1953.

Estas normas experimentaron una importante modificación como consecuencia de la incorporación de España a la Comunidad Económica Europea en el año 1986, por medio de la Ley 19/1989, de 25 de julio, de reforma y adaptación de la legislación mercantil a las directivas de la CEE en materia de sociedades. Tras ella se publicaron una nueva Ley de Sociedades Anónimas (en adelante, LSA), en 1989, que entró en vigor el 1 de enero de 1990, y una nueva Ley de Sociedades de Responsabilidad Limitada (en adelante, LSRL) el 23 de marzo de 1995 y el Reglamento del Registro Mercantil (en adelante, RRM).

A lo largo del siglo XXI se han llevado a cabo varias modificaciones de la normativa societaria, como por ejemplo el Reglamento 2157/2001, de 8 de octubre, que aprobó el Estatuto de la Sociedad Europea, la Ley 26/2003, de 17 de julio, que modificó la Ley del Mercado de Valores y la LSA con el fin de reforzar la transparencia de las sociedades anónimas cotizadas, y la Ley 16/2007, de 4 de julio, de reforma y adaptación de la legislación mercantil en materia contable para su armonización internacional con base en la normativa de la Unión Europea.

El Real Decreto Legislativo 1/2010, de 2 de julio, aprobó el texto refundido de la Ley de Sociedades de Capital (en adelante, LSC). La LSC reúne desde entonces en un único texto las normas que se encontraban contenidas en las LSA y LSRL, a las cuales derogó expresamente. Desde su publicación la LSC ha sido modificada en múltiples ocasiones para su actualización (la simplificación de las obligaciones de información y documentación de fusiones y escisiones de sociedades de capital, el apoyo a los emprendedores y su internacionalización, la mejora del gobierno corporativo y la información no financiera y diversidad). La LSC constituirá la herramienta fundamental para nuestro estudio de las sociedades mercantiles contenido en las lecciones 8 a 10.

Conforme a lo ya indicado en el tema 6, el ejercicio de la actividad empresarial se puede desempeñar por dos clases de empresarios: individual y social. La exigencia de medios materiales y personales para llevar a cabo esa actividad hace que exista una creciente difusión de las sociedades en tanto que empresario social.

Hay diversas razones que llevan a la constitución de sociedades: el interés por separar el patrimonio personal y el empresarial, la posibilidad de transmitir la empresa en el futuro, la posibilidad de ser titular de varios negocios, los intereses fiscales y la posibilidad de acumular capital en una cuantía mayor que una persona individual.

El aumento en el número de sociedades ha supuesto también un aumento de la importancia del Derecho de sociedades en tanto que sector del Derecho mercantil.

2.   Concepto de sociedad

La sociedad (empresario social) tiene su origen en un acto de constitución que la legislación califica como contrato, aun cuando su naturaleza y estructura sean discutidas. Un contrato cuya finalidad es crear una organización que tiende a personificarse: nace la persona jurídica sociedad, que tiene la condición de empresario.

En general, el origen de la sociedad es el contrato de constitución, pero puede también nacer por un acto jurídico unilateral. De ese modo surge la sociedad unipersonal, posible desde 1995 tanto para las sociedades anónimas como para las sociedades de responsabilidad limitada.

El concepto tradicional de sociedad está contenido en los artículos 1665 del CC («la sociedad es un contrato por el cual dos o más personas se obligan a poner en común dinero, bienes o industria, con ánimo de partir entre sí las ganancias») y 116 del Ccom. («el contrato de compañía, por el cual dos o más personas se obligan a poner en fondo común bienes, industria o alguna de estas cosas, para obtener lucro, será mercantil, cualquiera que fuese su clase, siempre que se haya constituido con arreglo a las disposiciones de este Código. Una vez constituida la compañía mercantil, tendrá personalidad jurídica en todos sus actos y contratos»). Se trata pues de un contrato, por lo general plurilateral, por el que los socios se obligan a aportar algo al fondo común, que tiende a crear una organización, y cuya finalidad es el reparto de los beneficios obtenidos.

La doctrina actual admite un concepto amplio de sociedad, ya que entiende que no es esencial el ánimo de lucro. De este modo podrán calificarse como sociedades determinadas asociaciones que reúnan las demás características de la sociedad: así, por ejemplo, las agrupaciones de interés económico, las mutualidades y las cooperativas.

3. Clases de sociedades

Como hemos puesto de relieve en la lección 2, conforme al art. 35 CC las asociaciones de interés particular, sean civiles, mercantiles o industriales, son personas jurídicas y la ley les concede personalidad jurídica propia, independiente de la de cada uno de sus asociados. Las asociaciones de interés particular (en adelante sociedades) pueden ser civiles y mercantiles.

3.1. Distinción entre la sociedad civil y la sociedad mercantil

La distinción entre las sociedades civiles y las mercantiles es importante. En primer lugar, porque se regirán por normas diferentes (por los artículos 1665 a 1708 del Código Civil las sociedades civiles y por los artículos 116 a 237 del Código de

Comercio y la legislación mercantil especial las sociedades mercantiles). En segundo lugar, porque a la sociedad mercantil se le aplicará el estatuto del empresario, lo cual, como veremos más adelante, implica, la llevanza de contabilidad y la obligatoriedad de inscripción en el Registro Mercantil.

Una sociedad que se dedique a una actividad mercantil (por ej., la distribución de productos de alimentación) tiene que adoptar necesariamente una forma o tipo mercantil (arts. 119 y 122 Ccom.). El sujeto que nace de ese contrato de sociedad será un comerciante (empresario), ya que desarrolla una actividad mercantil de forma habitual (art. 1 Ccom.).

Una sociedad que se dedique a una actividad civil (como puede ser una consultoría, una explotación artesanal) puede adoptar una forma civil o bien una forma mercantil.

El artículo 7 de la Ley 27/2014, de 27 de noviembre, del Impuesto sobre Sociedades implicó un cambio en la tributación de las sociedades civiles con personalidad jurídica y con objeto mercantil, que desde 2016 tributan en régimen de atribución de rentas al ser contribuyentes del Impuesto sobre Sociedades.

3.2.   Las sociedades mercantiles

Serán mercantiles, conforme al artículo 116 Ccom., aquellas sociedades que hayan adoptado alguna de las formas previstas en el Código de Comercio o en las leyes especiales, lo cual les obliga a inscribirse en el Registro Mercantil. También lo serán aquellas que, aunque no estén inscritas, ejerciten una actividad empresarial, como la sociedad en formación o la sociedad irregular. Por lo tanto, el carácter mercantil de la sociedad puede venir determinado por la forma: será siempre mercantil una sociedad, cualquiera que sea su objeto, que se haya creado cumpliendo los requisitos de forma exigidos por la normativa mercantil. Pero también por el objeto, ya que las sociedades, cualquiera que sea su forma, si se dedican a realizar una actividad mercantil, son mercantiles.

La clasificación tradicional de las sociedades mercantiles diferencia a estas entre sociedades de personas y sociedades de capital.

3.2.1. Las sociedades de personas

En ellas el elemento personal, es decir, las características de las personas que las componen tienen influencia directa en su organización. La separación entre los socios que la forman y la sociedad es escasa; los socios llevan personalmente la gestión social y responden también personalmente de las deudas sociales. Son sociedades de personas la sociedad colectiva y la sociedad comanditaria simple.

La sociedad colectiva es aquella sociedad personalista que desarrolla una actividad mercantil con la particularidad de que del cumplimiento de las deudas responden, en forma subsidiaria a la sociedad, todos los socios personal, ilimitada y solidariamente. Los socios, que pueden ser capitalistas o industriales, participan en la gestión social. Se rige por los artículos 125 a 144 del Ccom.

La sociedad comanditaria simple se caracteriza por la coexistencia de socios colectivos, que responden ilimitadamente de las deudas sociales, y de socios comanditarios, cuya responsabilidad es limitada. Solo los socios colectivos participan en la gestión de la sociedad. Se rige por los artículos 145 a 150 del Ccom.

Las sociedades colectivas y las comanditarias simples deben tener una denominación subjetiva o razón social, en la que figurarán, necesariamente, el nombre y apellidos, o solo uno de los apellidos de todos los socios colectivos, de alguno de ellos o de uno solo, debiendo añadirse en estos dos últimos casos la expresión «y compañía» o su abreviatura «y Cia.». Podrá formar parte de dicha denominación subjetiva alguna expresión que haga referencia a una actividad que esté incluida en el objeto social (art. 400.2 RRM).

El carácter ilimitado de la responsabilidad de los socios en estos tipos de sociedades ha hecho disminuir su utilización en la práctica y hoy en día apenas se constituyen sociedades colectivas ni comanditarias simples.

3.2.2. Las sociedades de capital

En las sociedades de capital la separación de patrimonios entre los socios y la sociedad es mayor y su personalidad jurídica es más completa. Lo relevante de los socios es lo que aportan a la sociedad, aunque esta nota se debilita en el caso de la sociedad de responsabilidad limitada, que tiene un carácter híbrido. Son sociedades de capital la sociedad anónima (que puede ser cotizada o no cotizada), la sociedad de responsabilidad limitada y la sociedad comanditaria por acciones. Se rigen por la LSC, cuyo artículo 2 declara que: «Las sociedades de capital, cualquiera que sea su objeto, tendrán carácter mercantil».

3.2.3. Las sociedades «especiales»

Todas las sociedades que se acaban de citar (colectiva, comanditaria simple y por acciones, anónima y de responsabilidad limitada) son las denominadas sociedades típicas, reconocidas como posibles tipos sociales en el artículo 122 Ccom.

Este precepto parecía permitir la constitución de sociedades distintas de las previstas en el mismo, pero en el fondo debe verse como un *numerus clausus*. No pueden crearse sociedades atípicas porque ello llevaría a contrariar las normas imperativas del Derecho de sociedades. Sin embargo, existe lo que se ha designado como deformación de los tipos sociales, subespecies o subtipos, polivalencia funcional de un tipo social.

Junto con las sociedades típicas existen otras sociedades «especiales», con normativa propia, como las sociedades laborales, las sociedades de garantía recíproca, las agrupaciones de interés económico, las cooperativas o las mutualidades.

4. Formalidades de constitución de las sociedades. La personalidad jurídica de las sociedades mercantiles

4.1. Formalidades de constitución de las sociedades

El Ccom., en su art. 119, exige que las sociedades se constituyan en escritura pública y se inscriban en el Registro Mercantil. La escritura pública se otorga ante notario.

Las menciones que debe llevar la escritura varían según el tipo de sociedad, aunque algunas son comunes.

Conforme al artículo 19.2.º Ccom., la inscripción de las sociedades mercantiles es obligatoria, es constitutiva. La falta de inscripción puede deberse a dos situaciones diferentes: la sociedad en formación y la sociedad irregular, a las que haremos referencia en el epígrafe siguiente.

4.2. La personalidad jurídica de las sociedades mercantiles

El artículo 116.2.º Ccom. declara: «Una vez constituida la compañía mercantil, tendrá personalidad jurídica para todos sus actos y contratos». Del reconocimiento de la personalidad jurídica se derivan las siguientes consecuencias:

a) El ente social es considerado sujeto de derechos y obligaciones con plena capacidad, tanto externa (con terceros) como interna.

b) El ente social adquiere la condición de empresario y está sometido a su estatuto (deber de llevanza de contabilidad). Debe hacer constar en su documentación y correspondencia los datos identificadores de su inscripción en el Registro Mercantil.

c) La sociedad adquiere una autonomía patrimonial con relación a los socios y se produce una separación de responsabilidad, que puede ser más o menos intensa según el tipo que se elija.

La experiencia demuestra que, junto con los indudables efectos beneficiosos del reconocimiento de la personalidad jurídica, en otros casos se produce una deformación de la misma y se utiliza para fines que el Derecho no debe proteger, por ejemplo, para evadir impuestos. Por ello, la jurisprudencia elaboró la doctrina del «levantamiento del velo», que, entre otras consecuencias, supone que no se pueden amparar actos en fraude de ley, que los derechos deben ejercitarse conforme a las exigencias de la buena fe y que la ley no ampara el abuso del Derecho ni el ejercicio antisocial del mismo (art. 7 CC).

5. La sociedad en formación y la sociedad irregular

Dada la validez del contrato de sociedad cualquiera que sea la forma de su celebración (art. 1278 CC) ello implica que dicho contrato produce todos sus efectos en su aspecto interno. No obstante, las sociedades deben, además, manifestar su existencia respecto a terceros. Si, siendo su objeto mercantil, no se han cumplido las formalidades precisas para su constitución (es decir, el otorgamiento de escritura pública y la inscripción en el Registro Mercantil), los socios no habrán completado el proceso fundacional en el tiempo y en la forma que la ley ha previsto.

Nos encontraremos entonces, ante la situación de sociedad en formación, regulada en los artículos 36 a 38 de la LSC que establecen el régimen de responsabilidad por los actos y contratos celebrados en nombre de la sociedad antes de su inscripción en el Registro Mercantil y una vez inscrita.

Si transcurre un año desde el otorgamiento de la escritura de constitución sin que se haya solicitado la inscripción, existirá una sociedad irregular a la que se

aplicarán (según lo que establecen los arts. 39 y 40 LSC) las normas de la sociedad colectiva (arts. 125 y ss. Ccom.) o, en su caso, de la sociedad civil (arts. 1665 y ss. CC).

6.   El contrato de sociedad y la constitución unilateral de sociedades (la sociedad unipersonal)

Como se ha indicado en el epígrafe 2 de esta lección, las sociedades de capital se constituyen por un contrato entre dos o más personas o, en caso de sociedades unipersonales, por un acto unilateral (art. 19 LSC).

El contrato de sociedad produce una serie de efectos que podemos clasificar en dos grupos:

a) Relaciones jurídicas internas: entre los socios y la sociedad. Son relaciones de cooperación, porque sirven para el cumplimiento del fin social. Están dominadas por los principios de igualdad de trato hacia los socios y el deber de fidelidad del socio hacia la sociedad. Algunas tienen un contenido patrimonial, como el derecho a participar en los beneficios o en la cuota de liquidación. Otras tienen carácter administrativo, como el derecho a participar en las decisiones que se toman en los órganos sociales, derecho de voto, derecho de impugnación de acuerdos, etc.

Tienen diverso alcance según el tipo de sociedad de que se trate. Si se trata de sociedades personalistas, la condición de socio no se puede transmitir *inter vivos* y solo se puede transmitir *mortis causa* en ciertas condiciones. Si se trata de sociedades de capital, con carácter general la condición de socio es transmisible.

b) Relaciones jurídicas externas: entre la sociedad y terceros. Para su desarrollo debe crearse un órgano de gestión de la sociedad (el órgano de administración) que en las sociedades personalistas suele desempeñar un solo socio; en las sociedades de capital pueden serlo uno o varios, socios o no. Los estatutos sociales determinarán la forma de estructurar la administración de la sociedad. Tienen especial importancia la representación orgánica y los límites al poder de representación.

La sociedad unipersonal, conforme al artículo 12 LSC, es la que ha sido constituida por un único socio (unipersonalidad originaria), sea persona natural o jurídica, o aquella que, habiendo sido constituida por dos o más socios, posteriormente todas las acciones o participaciones hayan pasado a ser propiedad de un único socio (unipersonalidad sobrevenida). Puede adoptar la forma de una S. A. o de S. R. L. y su régimen jurídico se encuentra en los artículos 15 a 17 LSC.

7.   Las sociedades de capital. Cuestiones generales

Son sociedades de capital la sociedad anónima, cuyo capital estará dividido en acciones, y la sociedad de responsabilidad limitada, en la cual lo estará en participaciones (art. 1 LSC). En ellas los socios no responden personalmente de las deudas sociales.

Las sociedades de capital, cualquiera que sea su objeto, tendrán siempre carácter mercantil (art. 2 LSC) y se les aplicarán las disposiciones de la LSC en cuanto no se rijan por una norma especial (art. 3 LSC).

La denominación social cumple una función identificadora. Según los arts. 398 y ss. del RRM debe ser única, puede estar formada por palabras y expresiones numéricas y no pueden formar parte de ella las siglas o denominaciones abreviadas, salvo que designen el tipo social. Además de la prohibición de incluir algún término o expresión que induzca a error, no se podrán inscribir en el Registro Mercantil sociedades o entidades cuya denominación sea idéntica a alguna de las que figuran incluidas en la sección de denominaciones del Registro Mercantil Central. Hay dos tipos de denominaciones sociales: denominación subjetiva o razón social, formada normalmente por el nombre de los socios, y denominación objetiva, que se refiere a actividades económicas o es una denominación de fantasía. En la denominación de la sociedad de responsabilidad limitada deberá figurar necesariamente la indicación Sociedad de Responsabilidad Limitada, Sociedad Limitada o sus abreviaturas S. R. L. o S. L. y en la de la sociedad anónima Sociedad Anónima o su abreviatura S. A. (art. 6 LSC).

Las sociedades de capital fijarán su domicilio dentro del territorio español en el lugar en el que se halle el centro de su efectiva administración y dirección, o en el que radique su principal establecimiento o explotación. Las sociedades de capital cuyo principal establecimiento o explotación radique dentro del territorio español deberán tener su domicilio en España (art. 9 LSC).

El criterio para determinar la nacionalidad es el domicilio. Conforme al artículo 8 LSC, serán españolas y se regirán por la presente ley todas las sociedades de capital que tengan su domicilio en territorio español, cualquiera que sea el lugar en que se hubieran constituido.

Las sociedades extranjeras que actúen en España están sometidas a la ley española en lo relativo al establecimiento de sucursales y a las operaciones que realicen. Tienen acceso a los tribunales españoles, en los que pueden ser demandantes y demandadas (art. 15 Ccom.), y pueden ser sometidas al procedimiento de concurso cuando ejerzan su actividad en España.

Los arts. 11 bis, 11 ter y 11 *quater*, regulan la creación, modificación, el traslado y la supresión de la página web de la sociedad, que tiene carácter obligatorio para las sociedades cotizadas. También establecen los deberes de los administradores con respecto a lo insertado en ella y disciplinan cuestiones referentes a la interrupción del acceso.

8.   La constitución de las sociedades de capital

Las sociedades de capital se pueden constituir por un contrato entre dos o más personas o, en caso de sociedades unipersonales, por un acto unilateral (art. 19.1 LSC). Las sociedades anónimas podrán constituirse también en forma sucesiva por la suscripción pública de acciones (art. 19.2 LSC).

Las personas interesadas en la constitución de una sociedad (art. 409.1 RRM) deben solicitar al RMC una certificación sobre si la denominación figura o no registrada. Conviene también, con carácter previo, consultar a la Oficina Española de Patentes y Marcas y a la Oficina de Armonización del Mercado Interior para evitar conflictos con marcas o nombres comerciales.

El capital de la sociedad anónima no podrá ser inferior a 60 000 euros y el de la S.R.L. no podrá ser inferior a 1 euro (art. 4 LSC). Mientras el capital de las sociedades de responsabilidad limitada no alcance la cifra de 3000 euros, se aplicarán las siguientes reglas: a) Deberá destinarse a la reserva legal una cifra al menos igual al 20% del beneficio hasta que dicha reserva junto con el capital social alcance el importe de 3000 euros, b) En caso de liquidación, voluntaria o forzosa, si el patrimonio de la sociedad fuera insuficiente para atender el pago de las obligaciones sociales, los socios responderán solidariamente de la diferencia entre el importe de 3000 euros y la cifra del capital suscrito.

No se autorizarán escrituras de constitución de sociedades de capital que tengan una cifra de capital social inferior al legalmente establecido, ni escrituras de modificación de capital social que lo dejen reducido por debajo de dicha cifra, salvo que sea consecuencia del cumplimiento de una ley (art. 5 LSC).

8.1.   La escritura de constitución

La constitución de las sociedades de capital exigirá el otorgamiento de escritura pública, que deberá inscribirse en el Registro Mercantil (art. 20 LSC).

Todos los socios fundadores, sean personas físicas o jurídicas, otorgarán la escritura de constitución por sí o por medio de representante y asumirán todas las participaciones o suscribirán todas las acciones (art. 21 LSC).

El contenido de la escritura de constitución de las sociedades de capital incluirá las menciones a que se refiere el artículo 22.1 LSC.

Desde el año 2023, se prevé la posibilidad de constituir sociedades de responsabilidad limitada íntegramente en línea, en el art. 22 bis, siempre que los socios realicen exclusivamente aportaciones dinerarias. En estos casos se podrán utilizar los estatutos tipo y se aplicará, además de los artículos 40 bis a 40 *quinquies* de la LSC, lo dispuesto en los arts. 15 y 16 de la LAEI sobre el DUE y el sistema de tramitación telemática del CIRCE.

Una de las menciones más importantes de la escritura de constitución de la sociedad son los estatutos sociales, las normas que rigen su funcionamiento y cuyo contenido se detalla en el artículo 23 LSC.

Salvo que en los estatutos se establezca lo contrario, la actividad de la sociedad comenzará cuando se otorgue la escritura de constitución (art. 24 LSC), tendrá una duración indefinida (art. 25 LSC) y se entenderá que el ejercicio social termina el 31 de diciembre de cada año (art. 26 LSC).

Tanto en los estatutos como en la escritura de constitución de la sociedad se podrán incluir, además de las menciones indicadas en sus respectivos preceptos, todos aquellos pactos y condiciones que los socios juzguen conveniente establecer, siempre que no se opongan a las leyes ni contradigan los principios configuradores de la sociedad (art. 28 LSC). Los pactos que se mantengan reservados entre los socios no serán oponibles a la sociedad (art. 29 LSC).

Los fundadores y promotores de una sociedad anónima pueden reservarse algunos derechos de carácter económico en los estatutos con los límites que señala el artículo 27 LSC. Los fundadores tienen responsabilidad (solidaria frente a la sociedad, a los socios y a terceros) en los términos establecidos en el artículo 30 LSC.

8.2.   La inscripción registral

La escritura de constitución de las sociedades de capital se deberá presentar a inscripción en el Registro Mercantil en el plazo de dos meses desde la fecha de su otorgamiento. Esta obligación recae sobre los socios fundadores y los administradores de la sociedad, en los términos previstos en los artículos 31 y 32 LSC. La adquisición de la personalidad jurídica por parte de la sociedad se condiciona a su inscripción en el Registro (art. 33 LSC). La inscripción se publicará en el *BORME* de forma telemática y sin coste adicional (art. 35 LSC).

Si la constitución se ha realizado mediante un DUE, el registrador mercantil: a) Procederá a la calificación e inscripción dentro de las 6 horas hábiles siguientes a la recepción telemática de la escritura, entendiéndose por horas hábiles las comprendidas dentro del horario de apertura fijado para los registros; b) Remitirá al CIRCE, el mismo día de la inscripción, certificación de la inscripción practicada; c) Solicitará el NIF definitivo a la Administración Tributaria a través del CIRCE.

9.   Las aportaciones sociales

El capital social está formado por las aportaciones que los socios hacen a la sociedad. En las sociedades de capital solo pueden ser objeto de aportación los bienes o derechos patrimoniales susceptibles de valoración económica, nunca el trabajo o los servicios (art. 58 LSC). Las aportaciones se entienden hechas a título de propiedad, salvo que se estipule de otro modo (art. 60 LSC). Y pueden ser de dos tipos: aportaciones dinerarias y no dinerarias.

Las aportaciones dinerarias deberán establecerse en euros (art. 61.1 LSC) y acreditarse ante el notario autorizante de la escritura de constitución de la sociedad en los términos previstos en el artículo 62 LSC. Si la S.R.L. se ha constituido telemáticamente, se aplicará lo dispuesto en el art. 40 *ter* LSC.

Las aportaciones no dinerarias podrán consistir, entre otros, en bienes muebles, inmuebles o derechos asimilados a ellos (art. 64 LSC), derechos de crédito (art. 65 LSC) y empresas o establecimientos (art. 66 LSC). En todo caso, y cualquiera que sea su naturaleza, deberán ser objeto de un informe redactado por uno o varios expertos independientes designados por el registrador mercantil del domicilio social o por los administradores de la sociedad en los términos previstos en los artículos 67 a 71 LSC. En la S. A. los fundadores (art. 77 LSC) y en el caso de la S. R. L. estos y determinados socios (arts. 73 a 76 LSC) responden solidariamente de la realidad de las aportaciones sociales y de la valoración de las aportaciones no dinerarias.

En la S. R. L. el capital social deberá estar desembolsado íntegramente en el momento constitutivo de la sociedad (art. 78 LSC). Sin embargo, en la S.A. puede quedar una parte pendiente de desembolsar, ya que la ley exige el desembolso de la cuarta parte del valor nominal de cada una las acciones (art. 79 LSC).

En los estatutos podrán establecerse prestaciones accesorias distintas de las aportaciones, expresando su contenido concreto y determinado y si se han de realizar gratuitamente o mediante retribución. En ningún caso pueden integrar el capital social. La creación, modificación y extinción anticipada de la obligación de realizar prestaciones accesorias deberá acordarse con los requisitos previstos para la modificación de estatutos y requerirá, además, el consentimiento individual de los obligados (arts. 86 a 89 LSC).

10. Las participaciones sociales y las acciones

Conforme a lo establecido en el art. 59 LSC, será nula la creación de participaciones sociales y la emisión de acciones que no respondan a una efectiva aportación patrimonial a la sociedad. No podrán crearse participaciones o emitirse acciones por una cifra inferior a la de su valor nominal.

Las participaciones sociales en la S. R. L. y las acciones en la S. A. son partes alícuotas, indivisibles y acumulables del capital social (art. 90 LSC).

Cada participación y cada acción confieren a su titular legítimo la condición de socio y le atribuyen una serie de derechos (art. 91 LSC).

Las acciones podrán estar representadas por medio de títulos o de anotaciones en cuenta, en uno y en otro caso tendrán la consideración de valores mobiliarios. Las participaciones no podrán estar representadas por medio de títulos o de anotaciones en cuenta, ni denominarse *acciones,* y en ningún caso tendrán el carácter de valores (art. 92 LSC).

10.1. Los derechos del socio

Existen una serie de derechos «mínimos» del socio reconocidos en el artículo 93 LSC:

a) Participación en las ganancias y en el patrimonio resultante de la liquidación.

b) Asunción preferente en la creación de nuevas participaciones o suscripción preferente en la emisión de nuevas acciones o de obligaciones convertibles en acciones.

c) Asistencia y voto en las juntas generales e impugnación de acuerdos sociales.

d) Información.

En principio, las participaciones sociales y las acciones atribuyen a los socios los mismos derechos, pero existen excepciones establecidas en la ley. Las acciones que reconocen un mismo contenido de derechos constituyen una misma clase;

cuando dentro de una clase se constituyan varias series, todas las que integren una serie deberán tener igual valor nominal.

La LSC prevé la posibilidad de que las S. A. y las S. R. L. creen acciones y participaciones sociales sin voto: la S. R. L. podrá crear participaciones sociales sin derecho de voto por un importe nominal no superior a la mitad del capital y la S. A. podrá emitir acciones sin derecho de voto por un importe nominal no superior a la mitad del capital social desembolsado (art. 98 LSC).

10.2. La representación y la transmisión de las participaciones

La representación de las participaciones sociales se lleva a cabo mediante la constancia de la titularidad de la participación en el libro registro de socios. La sociedad solo reputará socio a quien se halle inscrito en dicho libro (art. 104 LSC). Cualquier socio puede examinar este libro de acuerdo con lo dispuesto en el artículo 105 LSC.

La transmisión de las participaciones sociales y la constitución de un derecho de prenda sobre las mismas deberán constar en documento público; la constitución de otros derechos reales diferentes deberá hacerse por escritura pública (art. 106 LSC).

Salvo que en los estatutos se disponga lo contrario, la transmisión voluntaria por actos *inter vivos* de las participaciones sociales entre socios o a favor del cónyuge, ascendiente o descendiente del socio o a favor de sociedades pertenecientes al mismo grupo, será libre. En los demás casos, la transmisión estará sometida a una serie de reglas establecidas en el artículo 107 LSC. La ley prohíbe pactar en estatutos determinadas cláusulas referentes a la transmisión de las participaciones sociales en los términos previstos en el artículo 108 LSC. Conforme a lo dispuesto en el artículo 110 LSC, las participaciones sociales pueden transmitirse por actos *mortis causa,* adquiriendo el heredero o el legatario la condición de socio.

Las transmisiones de participaciones sociales que no se ajusten a lo previsto en la ley o, en su caso, a lo establecido en los estatutos no producirán efecto alguno frente a la sociedad (art. 112 LSC).

10.3. La representación y la transmisión de las acciones

Las acciones se pueden representar mediante títulos o mediante anotaciones en cuenta (art. 92 LSC). Según el art. 6.2. de la Ley 6/2023, de 17 de marzo, de los Mercados de Valores y de los Servicios de Inversión (LMVSI), los valores admitidos a negociación, incluidas las acciones de las sociedades cotizadas, podrán representarse mediante sistemas basados en tecnología de registros distribuidos.

Cuando se representen mediante títulos podrán ser nominativas o al portador. Hay determinados casos en que la ley exige que sean nominativas (art. 113 LSC). Las acciones nominativas figurarán en un libroregistro que llevará la sociedad, en el que se inscribirán las sucesivas transferencias de las acciones. La sociedad solo reputará accionista a quien se halle inscrito en dicho libro; cualquier accionista que lo solicite podrá examinar el libro registro de acciones nominativas (art. 116.2 y 3 LSC).

Las acciones representadas por medio de anotaciones en cuenta se regirán por lo dispuesto en la normativa reguladora del mercado de valores (LMVSI). Conforme al art. 496 LSC, las acciones que pretendan acceder o permanecer admitidas a cotización en un mercado regulado que esté domiciliado o que opere en España habrán de representarse necesariamente por medio de anotaciones en cuenta.

La transmisión de las acciones se llevará a cabo de acuerdo con las normas sobre la cesión de créditos y demás derechos incorporales. Si se trata de acciones nominativas, los administradores, una vez acreditada la transmisión, la inscribirán de inmediato en el libro-registro de acciones nominativas (art. 120 LSC).

Solo serán válidas las restricciones a la libre transmisibilidad de las acciones cuando recaigan sobre acciones nominativas y estén expresamente impuestas por los estatutos. Serán nulas las cláusulas estatutarias que hagan prácticamente intransmisible la acción (art. 123.1 y 2 LSC). La transmisibilidad de las acciones solo podrá condicionarse a la previa autorización de la sociedad en los términos previstos en el artículo 123.3 LSC.

10.4. Copropiedad y derechos reales sobre las participaciones sociales o de las acciones

En caso de copropiedad sobre una o varias participaciones o acciones, los copropietarios deberán designar una sola persona para el ejercicio de los derechos de socio y responderán solidariamente frente a la sociedad de cuantas obligaciones se deriven de esta condición (art. 126 LSC).

En caso de usufructo de participaciones o de acciones, la cualidad de socio reside en el nudo propietario, pero el usufructuario tendrá derecho, en todo caso, a los dividendos acordados por la sociedad durante el usufructo (art. 127 LSC). Las normas por las que se rige el usufructo de acciones están contenidas en los artículos 128 a 131 LSC.

Salvo disposición contraria de los estatutos, en caso de prenda de participaciones o de acciones, corresponderá al propietario el ejercicio de los derechos de socio. El acreedor pignoraticio queda obligado a facilitar el ejercicio de estos derechos (art. 132 LSC).

Tema 10. Las sociedades de capital (II)

1. La junta general

Es uno de los órganos necesarios para el funcionamiento de las sociedades de capital, junto con los administradores. Consiste en la reunión de los socios en la que deciden, por la mayoría legal o estatutariamente establecida, en los asuntos propios de su competencia. Todos los socios, incluso los disidentes y los que no hayan participado en la reunión, quedan sometidos a los acuerdos de la junta general (art. 159 LSC).

1.1. Competencias

El artículo 160 LSC determina expresamente cuáles son los asuntos sobre los que la junta general es competente para deliberar y tomar acuerdos.

El artículo 161 LSC prevé la posibilidad de intervención de la junta en los asuntos de gestión cuando indica que, salvo disposición contraria en los estatutos, la junta general podrá impartir instrucciones al órgano de administración o someter a autorización la adopción por dicho órgano de algunas decisiones o acuerdos sobre determinados asuntos de gestión, sin perjuicio de lo establecido en el artículo 234 LSC.

1.2. Clases de juntas

Las juntas generales de las sociedades de capital pueden ser ordinarias o extraordinarias (art. 163).

La junta ordinaria se reunirá necesariamente dentro de los seis primeros meses de cada ejercicio para, en su caso, aprobar la gestión social, las cuentas del ejercicio anterior y resolver sobre la aplicación del resultado. Esta junta será válida, aunque haya sido convocada o se celebre fuera de plazo (art. 164 LSC).

Toda junta que no sea ordinaria tendrá la consideración de junta general extraordinaria (art. 165 LSC).

1.3. Convocatoria

La competencia para convocar corresponde al órgano de administración (art. 166 LSC). Los administradores pueden convocar junta cuando lo consideren necesario o conveniente para los intereses sociales y tienen la obligación de hacerlo en las fechas o períodos que determinen la ley o los estatutos (art. 167 LSC). También deberán convocarla cuando lo soliciten uno o varios socios que representen, al menos, el 5 % del capital social, expresando en la solicitud los asuntos a tratar (art. 168 LSC).

Cuando los administradores no convoquen la junta en los plazos legal o estatutariamente previstos, el secretario judicial o el registrador mercantil del domicilio social procederán a efectuar la correspondiente convocatoria en los términos previstos en los artículos 169 y 170 LSC.

Forma de la convocatoria: La junta general será convocada mediante anuncio publicado en la página web de la sociedad si esta hubiera sido creada, inscrita y publicada en los términos previstos en el artículo 11 bis. Cuando la sociedad no hubiere acordado la creación de su página web o todavía no estuviera debidamente inscrita y publicada, la convocatoria se publicará en el *BORME* y en uno de los diarios de mayor circulación en la provincia en que esté situado el domicilio social. En sustitución de la forma de convocatoria que se acaba de indicar, los estatutos podrán establecer que la convocatoria se realice por cualquier procedimiento de comunicación individual y escrita que asegure la recepción del anuncio por todos los socios en el domicilio designado al efecto o en el que conste en la documentación de la sociedad. En el caso de socios que residan en el extranjero, los estatutos podrán prever que solo serán individualmente convocados si hubieran designado un lugar del territorio nacional para notificaciones. Los estatutos podrán establecer mecanismos adicionales de publicidad a los previstos en la ley e imponer a la sociedad la gestión telemática de un sistema de alerta a los socios de los anuncios de convocatoria insertados en la web de la sociedad (art. 173 LSC).

En las sociedades anónimas cotizadas, conforme al art. 516.2 LSC, la difusión del anuncio de convocatoria se hará utilizando, al menos, los siguientes medios: a) El *BORME* o uno de los diarios de mayor circulación en España, b) la página web de la CNMV y c) la página web de la sociedad convocante.

Contenido de la convocatoria: En todo caso, la convocatoria expresará el nombre de la sociedad, la fecha y hora de la reunión, el orden del día, en el que figurarán los asuntos a tratar y el cargo de la persona o personas que realicen la convocatoria (art. 174 LSC).

Lugar de celebración: Salvo disposición contraria de los estatutos, la junta se celebrará en el término municipal donde la sociedad tenga su domicilio. Si en la convocatoria no figurase el lugar de celebración, se entenderá que la junta ha sido convocada para su celebración en el domicilio social (art. 175 LSC).

Plazo: Entre la convocatoria y la fecha prevista para la celebración de la reunión deberá existir un plazo de, al menos, un mes en las sociedades anónimas y quince días en las de responsabilidad limitada (art. 176 LSC). En el anuncio de la convocatoria de junta de la S. A. podrá hacerse constar la fecha de la segunda convocatoria; entre la primera y la segunda deberá mediar un plazo de, al menos, 24 horas. Si la junta no se celebra en primera convocatoria y no se ha previsto la fecha de la segunda, se deberá anunciar con los mismos requisitos de publicidad que la primera (art. 177 LSC).

Junta universal: La junta general quedará válidamente constituida para tratar cualquier asunto, sin necesidad de previa convocatoria, siempre que esté presente o representada la totalidad del capital social y los concurrentes acepten por unanimidad la celebración de la reunión. Podrá reunirse en cualquier lugar del territorio nacional o del extranjero (art. 178 LSC).

1.4. Asistencia, representación y voto

Asistencia:

Algunas personas tienen el derecho de asistencia a las juntas generales, otras tienen el deber de asistir y, finalmente, algunas pueden ser autorizadas para hacerlo.

Todos los socios de la S. R. L. tienen derecho a asistir a la junta, los estatutos no podrán exigir la titularidad de un número mínimo de participaciones. En el caso de la S. A., sin embargo, los estatutos sí que podrán exigir, con respecto a todas las acciones, cualquiera que sea su clase o serie, la posesión de un número mínimo para asistir, que no podrá ser superior al 1 ‰ del capital social (art. 179 LSC).

Los administradores tienen el deber de asistir a las juntas (art. 180 LSC).

En los estatutos se podrá autorizar u ordenar la asistencia de directores, gerentes, técnicos y demás personas que tengan interés en la buena marcha de la sociedad. El presidente de la junta podrá autorizar la asistencia de cualquier otra persona que considere conveniente, aunque la junta puede revocar esta autorización (art. 181 LSC).

Aprovechando las ventajas que las nuevas tecnologías ofrecen para facilitar la celebración de las juntas en ciertos casos, el artículo 182 LSC regula la asistencia telemática.

Desde el año 2021, el artículo 182 bis admite la celebración de juntas exclusivamente telemáticas. En este precepto se establece la posibilidad de que los estatutos de las S. A. y S. R. L. autoricen la convocatoria por parte de los administradores de juntas que vayan a ser celebradas sin la asistencia física de los socios o sus representantes. La celebración requiere que la identidad y legitimación de los socios esté garantizada y que todos los asistentes puedan participar en la reunión utilizando medios de comunicación apropiados (como audio o vídeo).

Representación:

La ley restringe más la representación voluntaria en la junta de la S. R. L. que en la de la S. A., tanto respecto a las personas a las que se puede otorgar como respecto a la forma de hacerlo según los artículos 183 y 184 LSC. En todo caso, la representación es siempre revocable y la asistencia personal a la junta del representado tiene valor de revocación (art. 185 LSC).

Voto:

En la S. R. L., salvo que los estatutos dispongan lo contrario, cada participación social concede a su titular el derecho a emitir un voto. En la SA, los estatutos podrán fijar con carácter general el número máximo de votos que pueden emitir un mismo accionista, las sociedades pertenecientes a un mismo grupo o quienes actúen de forma concertada con los anteriores, sin perjuicio de la aplicación a las sociedades cotizadas de lo establecido en el artículo 527 (art. 188 LSC).

La ley permite la agrupación de acciones para ejercitar el derecho de asistencia y de voto en las juntas. También prevé la posibilidad de emisión de derecho de voto a distancia (art. 189 LSC).

1.5. La adopción de acuerdos

En las sociedades anónimas la junta quedará válidamente constituida en primera convocatoria cuando los accionistas presentes o representados posean, al menos, el 25 % del capital suscrito con derecho de voto, aunque los estatutos podrán fijar un *quorum* superior. En segunda convocatoria, será válida la constitución cualquiera que sea el capital concurrente salvo disposición contraria en estatutos (art. 193 LSC). En los casos señalados en el artículo 194 LSC, la ley exige un *quorum* más elevado (50 % del capital suscrito con derecho de voto en primera convocatoria y 25 % en segunda).

Antes de entrar en el orden del día se formará la lista de asistentes, expresando el carácter o representación de cada uno y el número de participaciones o de acciones propias o ajenas con que concurran.

Antes o durante la celebración de la junta, los socios tienen derecho de información escrita o verbal sobre los asuntos comprendidos en el orden del día, los administradores son las personas obligadas a proporcionar la información a los socios en los términos previstos en la ley.

Adopción de acuerdos:

En la S. R. L., la regla general es que los acuerdos se adoptarán por mayoría de los votos válidamente emitidos, siempre que representen, por lo menos, un tercio de los votos correspondientes a las participaciones sociales en que se divida el capital social. No se computarán los votos en blanco (art. 198 LSC). Como excepción a esta regla, la ley exige para la adopción de determinados acuerdos mayorías reforzadas de más de la mitad o de los dos tercios de los votos correspondientes a las participaciones en que se divida el capital social (mayorías legales reforzadas del art. 199 LSC). Además, los estatutos podrán exigir, para todos o algunos asuntos determinados, un porcentaje de votos favorables superior al establecido por la ley, sin llegar a la unanimidad. Podrán también exigir el voto favorable de un determinado número de socios (art. 200 LSC).

En las S. A., los acuerdos sociales se adoptarán por mayoría simple de los votos de los accionistas presentes o representados en la junta, entendiéndose adoptado un acuerdo cuando obtenga más votos a favor que en contra del capital presente o representado. Para la adopción de los acuerdos a que se refiere el artículo 194, si el capital presente o representado supera el 50 % bastará con que el acuerdo se adopte por mayoría absoluta. Sin embargo, se requerirá el voto favorable de los 2/3 del capital presente o representado en la junta cuando en segunda convocatoria concurran accionistas que representen el 25% o más del capital suscrito con derecho de voto sin alcanzar el 50%. Los estatutos sociales pueden elevar estas mayorías (art. 201 LSC).

Los acuerdos sociales deberán constar en un acta que se aprobará por la propia junta al final de la reunión o, en su defecto, por el presidente de la junta y dos interventores en un plazo de 15 días (art. 202 LSC). Los administradores, cuando lo consideren necesario o cuando lo soliciten socios que representen, al menos, el 1 % del capital en la S. A. o el 5 % en la S. R. L., requerirán la presencia de un notario para que levante acta. Esta acta no requiere aprobación y los acuerdos que consten en ella podrán ejecutarse desde la fecha de su cierre. Los honorarios notariales son de cargo de la sociedad (art. 203 LSC).

1.6. La impugnación de acuerdos

Son impugnables los acuerdos sociales que sean contrarios a la ley, se opongan a los estatutos o al reglamento de la junta de la sociedad o lesionen el interés social en beneficio de uno o varios socios o de terceros conforme al artículo 204.1 LSC.

La acción de impugnación de los acuerdos sociales caducará en el plazo de un año, salvo que tenga por objeto acuerdos que, por sus circunstancias, causa o contenido, resultaren contrarios al orden público, en cuyo caso la acción no caducará ni prescribirá (art. 205 LSC).

Para la impugnación de los acuerdos sociales están legitimados cualquiera de los administradores, los terceros que acrediten un interés legítimo y los socios que hubieran adquirido tal condición antes de la adopción del acuerdo, siempre que representen, individual o conjuntamente, al menos el 1 % del capital (art. 206.1 LSC). Para la impugnación de los acuerdos que sean contrarios al orden público estará legitimado cualquier socio, aunque hubiera adquirido esa condición después del acuerdo, el administrador o un tercero (art. 206.2 LSC).

2. La administración de la sociedad

El órgano de administración se ocupa de llevar a cabo la gestión y la representación de la sociedad en los términos establecidos en la ley (art. 209 LSC).

2.1. Modalidades de administración

Conforme al artículo 210.1 LSC, la administración de la sociedad se puede atribuir a:
   a) Un administrador único.
   b) Varios que actúen de forma solidaria.
   c) Varios que actúen de forma conjunta.
   d) Un consejo de administración.

La modificación de la forma del órgano de administración se hará siempre por medio de escritura pública e inscripción en el Registro Mercantil (art. 210.4 LSC).

En la S. R. L. los estatutos sociales podrán establecer distintos modos de organizar la administración, atribuyendo a la junta de socios la facultad de optar alternativamente por cualquiera de ellos sin necesidad de modificación estatutaria (art. 210.3 LSC).

En cuanto al número de administradores, si los estatutos establecen solamente el mínimo y el máximo, corresponde a la junta general la determinación del número, sin más límites que los establecidos por la ley (art. 211 LSC).

2.2. Los administradores

Pueden ser administradores tanto las personas físicas como las jurídicas. Y no hará falta ser socio, salvo que los estatutos establezcan lo contrario (art. 212 LSC).

Las personas físicas deberán tener capacidad de obrar, por ello la ley prohíbe ejercer esta función a los menores de edad y a los incapacitados judicialmente. Asimismo, establece algunas otras prohibiciones e incompatibilidades en el artículo 213 LSC.

Nombramiento: lo hace la junta de socios, salvo que la ley establezca otra cosa. El nombramiento surte efecto desde el momento de la aceptación (art. 214 LSC). Una vez aceptado, el nombramiento deberá inscribirse en el Registro Mercantil, existiendo un plazo de 10 días desde la aceptación para presentarlo a inscripción (art. 215 LSC).

Remuneración: el cargo es gratuito, a menos que los estatutos establezcan lo contrario determinando el sistema de retribución. El sistema de remuneración determinará el concepto o los conceptos retributivos y podrán consistir, entre otros, en: a) una asignación fija, b) dietas de asistencia, c) participación en beneficios, d) retribución variable con indicadores o parámetros generales de referencia, e) remuneración en acciones o vinculada a su evolución, f) indemnizaciones por cese, siempre y cuando el cese no estuviese motivado por el incumplimiento de las funciones de administrador, y g) los sistemas de ahorro o previsión que se consideren oportunos (art. 217.1 y 2 LSC).

Duración del cargo: en la S. R. L. los administradores ejercerán su cargo por tiempo indefinido, salvo que los estatutos fijen un plazo en cuyo caso pueden ser reelegidos. En la S. A. ejercerán el cargo en el plazo señalado en los estatutos, que no podrá exceder de seis años y podrán ser reelegidos una o varias veces por períodos de igual duración (art. 221 LSC).

Caducidad: el nombramiento de los administradores caducará cuando, una vez vencido el plazo, se haya celebrado junta general o haya transcurrido el plazo para la celebración de la junta en la que se deba resolver sobre la aprobación de las cuentas del ejercicio anterior (art. 222 LSC).

Cese: puede ser acordado por la junta general en cualquier momento, aunque no conste en el orden del día. En la S. R. L. los estatutos pueden exigir una mayoría reforzada no superior a 2/3 de los votos correspondientes a las participaciones en que se divida el capital social (art. 223 LSC). En la S. A., los administradores incursos en prohibición legal deberán ser inmediatamente destituidos, a solicitud de cualquier accionista. Los administradores con intereses opuestos a los de la sociedad cesarán a solicitud de cualquier socio por acuerdo de la junta general (art. 224 LSC).

2.3. Los deberes de los administradores

Los administradores, en el ejercicio de su cargo, tienen que cumplir una serie de deberes:

a) Deber general de diligencia de un ordenado empresario (art. 225 LSC).
b) Protección de la discrecionalidad empresarial (art. 226 LSC).
c) Deber de lealtad, obrando de buena fe y en el mejor interés de la sociedad (art. 227). De este deber derivan las obligaciones indicadas en el art. 228 LSC.
d) Deber de evitar situaciones de conflicto de interés (art. 229 LSC).

El régimen relativo al deber de lealtad y a la responsabilidad por su infracción es imperativo. No serán válidas las disposiciones estatutarias que lo limiten o sean contrarias al mismo.

2.4. La representación de la sociedad

Los estatutos de la sociedad determinarán la representación de los administradores con respecto a la sociedad, en juicio y fuera de él. En su defecto, el poder de representación se atribuye conforme a la estructura que haya adoptado el órgano administrativo (art. 233 LSC)

Los administradores responderán de todos los actos comprendidos en el objeto social fijado en los estatutos. No obstante, la sociedad responderá frente a los terceros de buena fe, aunque el acto realizado no esté comprendido en el objeto social (art. 234 LSC).

2.5. La responsabilidad de los administradores

Los administradores responderán frente a la sociedad, frente a los socios y frente a los acreedores sociales del daño que causen por actos u omisiones contrarios a la ley o a los estatutos o por los realizados incumpliendo los deberes inherentes al desempeño del cargo, siempre y cuando haya intervenido dolo o culpa. La culpabilidad se presumirá, salvo prueba en contrario, cuando el acto sea contrario a la ley o a los estatutos sociales.

La responsabilidad de los administradores se extiende igualmente a los administradores de hecho. A tal fin, tendrá la consideración de administrador de hecho tanto la persona que en la realidad del tráfico desempeñe sin título, con un título nulo o extinguido, o con otro título, las funciones propias de administrador, como, en su caso, aquella persona bajo cuyas instrucciones actúen los administradores de la sociedad (art. 236 LSC).

Esta responsabilidad tiene carácter solidario: todos los miembros del órgano de administración que hubiera adoptado el acuerdo o realizado el acto lesivo responderán solidariamente, salvo los que prueben que, no habiendo intervenido en su adopción y ejecución, desconocían su existencia o, conociéndola, hicieron todo lo conveniente para evitar el daño o, al menos, se opusieron expresamente a aquel (art. 237 LSC).

En caso de incumplimiento de su responsabilidad por los administradores se podrán ejercitar la acción social y la acción individual de responsabilidad.

3.   Las cuentas anuales

En un plazo de tres meses a partir de la fecha de cierre del ejercicio social, los administradores de la sociedad están obligados a formular las cuentas anuales, el informe de gestión, que incluirá, cuando proceda, el estado de información no financiera, y la propuesta de aplicación del resultado, así como, en su caso, las cuentas y el informe de gestión consolidados (art. 253 LSC). Todos los administradores deberán firmar las cuentas anuales y el informe de gestión.

Las cuentas anuales, que forman una unidad, contendrán el balance, la cuenta de pérdidas y ganancias, un estado que refleje los cambios en el patrimonio neto del ejercicio, un estado de flujos de efectivo y la memoria. Deberán ser redactados con claridad y mostrar la imagen fiel del patrimonio, de la situación financiera y de los resultados de la sociedad (art. 254 LSC).

Las sociedades que reúnan las condiciones a que se refieren los artículos 257 y 258 LSC pueden formular balance y estado de cambios en el patrimonio neto y cuenta de pérdidas y ganancias abreviados.

La memoria, que completará, ampliará y comentará el contenido de los otros documentos que integran las cuentas anuales, deberá contener una serie de menciones a las que se refiere el artículo 260 LSC.

El informe de gestión habrá de contener una exposición fiel sobre la evolución de los negocios y la situación de la sociedad, junto con una descripción de los principales riesgos e incertidumbres a los que se enfrenta. La exposición consistirá en un análisis equilibrado y exhaustivo de la evolución y los resultados de los negocios y la situación de la sociedad, teniendo en cuenta la magnitud y la complejidad de la misma (art. 262.1 LSC).

Excepto en las sociedades que puedan presentar balance abreviado, las cuentas anuales y el informe de gestión deberán ser revisados por un auditor de cuentas en los términos previstos en los artículos 263 a 271 LSC.

La junta general de la sociedad deberá aprobar las cuentas anuales (art. 272.1 LSC) y dentro del mes siguiente a dicha aprobación se presentarán para su depósito en el Registro Mercantil (arts. 279 y ss. LSC).

4.   La modificación de los estatutos sociales

Los estatutos son las normas por las que se rige la sociedad y una de las menciones que deben aparecer en la escritura de su constitución, por ello la modificación de su contenido resulta de gran importancia y requiere el cumplimiento de determinadas formalidades.

Cualquier modificación de estatutos será competencia de la junta general. Por excepción, el órgano de administración será competente para decidir el cambio de domicilio social dentro del territorio nacional, salvo que los estatutos dispongan lo contrario (art. 285 LSC).

La propuesta de modificación se redactará por los administradores o por los socios autores de la propuesta y en la S. A. se redactará, además, un informe justificativo de la misma (art. 286 LSC).

La convocatoria de junta general para acordar la modificación deberá expresar claramente su alcance y el derecho de los socios a examinar el texto íntegro de la modificación propuesta (art. 287 LSC).

La aprobación del acuerdo de modificación de estatutos requerirá las mayorías previstas en el artículo 199 LSC para la S. R. L. y en los artículos 194 y 201 LSC para la S.A. (art. 288 LSC).

El acuerdo de modificación de estatutos se hará constar en escritura pública que se inscribirá en el Registro Mercantil y se publicará, de forma telemática y sin coste adicional, en el *BORME* (art. 290 LSC).

Cuando la modificación estatutaria implique nuevas obligaciones para los socios, afecte a los derechos individuales de cualquier socio de una S. R. L. o a los derechos de una clase de acciones de una S. A. deberá adoptarse conforme a lo dispuesto en los artículos 291, 292 y 293, respectivamente, de la LSC.

Las modificaciones estatutarias más importantes son el aumento y la reducción de capital a las cuales la LSC dedica los artículos 295 a 345.

5.   La disolución y la liquidación

5.1. La disolución

La LSC reconoce tres formas de disolución de las sociedades: de pleno derecho, por constatación de la existencia de alguna causa legal o estatutaria y por mero acuerdo de la junta general:

a) La disolución de pleno derecho se produce por el transcurso del término de duración fijado en estatutos o por el transcurso de un año desde la adopción del acuerdo de reducción de capital por debajo del mínimo legal como consecuencia del cumplimiento de una ley, si no se hubiera inscrito en el Registro Mercantil la transformación o la disolución de la sociedad, o el aumento del capital social hasta una cantidad igual o superior al mínimo legal (art. 360 LSC).

b) Las causas legales y estatutarias que pueden motivar la disolución aparecen descritas en los párrafos a) a h) del artículo 363 LSC. En estos casos, la disolución de la sociedad requerirá acuerdo de la junta general con las mayorías previstas en los artículos 198 para la S. R. L. y 193 y 201 para la S. A. (art. 364 LSC). Los administradores deberán convocar esta junta general en dos meses para que adopte el acuerdo de disolución. Los administradores no estarán obligados a convocar junta general para que adopte el acuerdo de disolución cuando hubieran solicitado en debida forma la declaración de concurso de la sociedad o comunicado al juzgado competente la existencia de negociaciones con los acreedores para alcanzar un plan de reestructuración del activo, del pasivo o de ambos. La convocatoria de la junta procederá de inmediato en tanto dejen de estar vigentes los efectos de esa comunicación (art. 365 LSC). Si la junta no fuese convocada, no se celebrase o no adoptase los acuerdos pertinentes, cualquier interesado podrá instar la disolución de la sociedad ante el juez de lo mercantil del domicilio social (art. 366 LSC). Los administradores que incumplan la obligación de convocar la junta general para que adopte el acuerdo de disolución tienen una responsabilidad solidaria (art. 367 LSC).

c) La sociedad de capital podrá disolverse por acuerdo de la junta general adoptado con los requisitos establecidos para la modificación de estatutos (art. 368 LSC).

Cualquiera que sea la forma en que se haya producido, la disolución de la sociedad de capital se inscribirá en el Registro Mercantil. El registrador mercantil remitirá de oficio, de forma telemática y sin coste adicional, la inscripción de la disolución al *BORME* para su publicación (art. 369 LSC).

Reactivación de la sociedad disuelta: la junta general podrá acordar el retorno de la sociedad disuelta a la vida activa siempre que haya desaparecido la causa de disolución, que el patrimonio contable no sea inferior al capital social y que no haya comenzado el pago de la cuota de liquidación a los socios. No podrá acordarse en los casos de disolución de pleno derecho. Para ello se deberán cumplir los requisitos de modificación de los estatutos (art. 370 LSC).

5.2. La liquidación

La disolución de la sociedad abre el período de liquidación. La sociedad disuelta conservará su personalidad jurídica y deberá añadir a su denominación la expresión «en liquidación». Durante la liquidación se observarán las disposiciones de estatutos y continuarán aplicándose a la sociedad las demás normas previstas en la ley mientras no sean incompatibles (art. 371 LSC).

Cuando el Gobierno considere conveniente para la economía nacional o para el interés social la continuación de la S. A., podrá acordarlo por real decreto, en el que se concretará la forma en que habrá de subsistir (art. 373 LSC).

Cuando se abre el período de liquidación cesan en su cargo los administradores y los liquidadores asumen las funciones previstas en la ley (arts. 374 y 375 LSC). Los administradores quedarán convertidos en liquidadores salvo que se hubiese designado otros en los estatutos o que se les designe en la junta (art. 376 LSC). Salvo que los estatutos dispongan lo contrario, los liquidadores ejercerán su cargo por tiempo indefinido (art. 378 LSC). Su poder de representación se extiende a todas las operaciones necesarias para la liquidación de la sociedad (art. 379 LSC). Tienen una responsabilidad a la que alude el artículo 397 LSC.

En la S. A., los accionistas que representen la vigésima parte del capital social podrán solicitar del secretario judicial o registrador mercantil del domicilio social la designación de un interventor que fiscalice las operaciones de liquidación (art. 381 LSC). En algunos casos especiales (art. 382 LSC), se prevé la intervención pública en la liquidación de sociedades anónimas.

Las operaciones de la liquidación aparecen descritas en los artículos 383 y siguientes de la LSC: inventario y balance de los bienes sociales, cobro de los créditos y pago de las deudas y enajenación de los bienes sociales (en la S. A. se debe hacer en pública subasta). Los liquidadores tienen también durante la liquidación los deberes de llevanza de la contabilidad y de información a los socios. Una vez concluidas las operaciones de liquidación, los liquidadores someterán a la aprobación de la junta general un balance final, un informe completo sobre dichas operaciones y un proyecto de división entre los socios del activo resultante.

La división del patrimonio resultante de la liquidación se hará conforme a lo dispuesto en los estatutos o según lo acordado en junta. Antes de pagar la cuota a los socios habrá que satisfacer a los acreedores sus créditos (art. 391 LSC). Salvo que los estatutos dispongan lo contrario, la cuota de liquidación de cada socio será proporcional a su participación en el capital social (art. 392 LSC). Los socios tienen derecho a percibir en dinero su cuota de la liquidación, salvo acuerdo unánime de los mismos (art. 393 LSC).

Los liquidadores otorgarán la escritura pública de extinción de la sociedad, a la que incorporarán el balance final de la liquidación y la relación de los socios en la que conste su identidad y el valor de la cuota de liquidación que le hubiere correspondido a cada uno. La escritura pública de extinción se inscribirá en el Registro Mercantil. Los liquidadores depositarán en el Registro Mercantil los libros y documentos de la sociedad extinguida (arts. 395 y 396 LSC).

6. El concurso de acreedores

El deudor responde del cumplimiento de sus obligaciones con todo su patrimonio presente y futuro (art. 1911 CC). Ahora bien, según su situación patrimonial, tal vez no pueda atender la totalidad de las obligaciones que hubiera asumido. En este caso se plantea cuáles son los bienes y derechos de titularidad del deudor que quedan afectos al cumplimiento de sus obligaciones y, también, cuál deberá ser el orden de prelación de los créditos y por tanto cuáles tendrían preferencia para el cobro.

Cuando el patrimonio del deudor es insuficiente para cumplir con sus obligaciones regularmente, si se permitiese que sus acreedores defendieran sus intereses aisladamente y de forma individual, solo algunos de los créditos contra el deudor común se satisfarían en su totalidad, lo cual iría en perjuicio de los demás acreedores. Para evitar la anterior circunstancia y preservar el patrimonio del deudor a efectos de ordenar su insolvencia, entre otros extremos, se paralizan las actuaciones individuales frente al deudor.

La Ley concursal, que es la norma que regula esta materia, se divide en cuatro libros. El libro primero se dedica al concurso de acreedores, el libro segundo se ocupa del derecho preconcursal, el libro tercero de los procedimientos especiales para microempresas y el libro cuarto de las normas de derecho internacional privado.

El concurso, que ha de ser declarado judicialmente, constituye un proceso orientado a ordenar la insolvencia del deudor. Una vez declarado, despliega sus efectos tanto sobre el deudor como sobre sus acreedores. Estos últimos quedan sujetos al principio de *par conditio creditorum*. Teniendo en cuenta que el presupuesto objetivo del concurso es su estado de insolvencia, ello supone que algunos acreedores no vayan a ver satisfechos los créditos que titulan frente al deudor en su totalidad. Además, la circunstancia de que los acreedores del concursado se integren en distintas clases de créditos supone que los que integren cada una de estas clases hayan de recibir un tratamiento paritario.

La principal función del concurso es ordenar los pagos del deudor insolvente, mediante el recurso a los instrumentos concursales y preconcursales. A ella se suma la de preservar en lo posible el patrimonio empresarial y profesional del deudor en dificultades.

El presupuesto del concurso es la insolvencia actual o inminente del deudor. El deudor se encuentra en estado de insolvencia actual cuando no puede cumplir regularmente sus obligaciones, no puede satisfacer las deudas que hubiera asumido a medida que vayan venciendo y sean exigibles. El deudor se encuentra en estado de insolvencia inminente cuando prevea que dentro de los tres meses siguientes no podrá cumplir regular y puntualmente sus obligaciones. Cuando el deudor, persona natural o jurídica, se encuentre en estado de insolvencia actual o inminente se declarará su concurso de acreedores.

Tras la reforma operada por la Ley Concursal en 2022, adquiere igualmente trascendencia en sede preconcursal y en relación con el procedimiento especial para microempresas que el deudor se encuentre en situación de probabilidad de insolvencia.

La solicitud para que el juez declare el concurso de acreedores podrá ser presentada por el propio deudor o por algún acreedor. La declaración de concurso por parte del juez mercantil se publicará en el *BOE*. Corresponde a la administración concursal integrar las facultades patrimoniales del deudor que, como consecuencia del auto declarativo del concurso, habrán sido intervenidas o suspendidas. Igualmente corresponderá a la administración concursal el ejercicio de las acciones concursales y la realización de las tareas que se le encomiendan en las distintas fases del procedimiento concursal.

Como se ha señalado, la Ley Concursal, en su reforma del año 2022, incorporó los denominados procedimientos especiales para microempresas. Se consideran tales aquellas que hayan empleado durante el año anterior a la solicitud de inicio del procedimiento especial una media de menos de diez trabajadores y que tengan un volumen de negocio anual inferior a 700.000 o un pasivo inferior a 350.000 euros según las últimas cuentas cerradas en el ejercicio anterior a la presentación de la solicitud (La exigencia del empleo de una media de menos de diez trabajadores se entenderá igualmente cumplida cuando el número de horas de trabajo realizadas por el conjunto de la plantilla sea igual o superior al que habría correspondido a menos de diez trabajadores a tiempo completo).

La necesidad de estos procedimientos especiales para microempresas la justifica el legislador en que el concurso de acreedores responde a un procedimiento formal y con un fuerte contenido procesal, lo que comporta, en su implementación, unos costes fijos altos, con independencia del tamaño de la empresa concursada. A esto se une que las microempresas suelen acceder al procedimiento concursal cuando su situación financiera se ha deteriorado tanto y queda tan poco valor en la empresa que cualquier solución reorganizativa resulta poco viable. Así las cosas, no es infrecuente que la propia estructura procesal del concurso genere más costes que el valor residual que queda en la empresa insolvente.

Los procedimientos especiales para microempresas incorporan medidas dirigidas, precisamente, a solucionar este problema. Se configuran estos procedimientos especiales para las microempresas con carácter exclusivo y excluyente. Las microempresas no tienen acceso al concurso ni, tampoco, a los acuerdos de reestructuración.

ÍNDICE